AF536517

ELSINOR
VERLAG

Ries Roowaan

Amsterdam, verlorene Stadt

Roman

Aus dem Niederländischen von Gerd Busse

Elsinor

Titel der niederländischen Originalausgabe
Dood aan de Amstel (Soesterberg: Uitgeverij Aspekt, 2022)

Bibliografische Information der Deutschen Nationalbibliothek
Die Deutsche Nationalbibliothek verzeichnet diese Publikation in der Deutschen Nationalbibliografie; detaillierte bibliografische Daten sind im Internet unter www.dnb.de abrufbar.

Der Verlag dankt dem **Nederlands Letterenfonds** für die großzügige Förderung der Übersetzung.

Nederlands letterenfonds
dutch foundation
for literature

1. Auflage 2024

Umschlag und Satz: Elsinor Verlag, Coesfeld
Umschlagfoto: vianebbfotografie.com

Printed in Germany
ISBN 978-3-942788-83-0

INHALT

Mit Dank an Adrie, Aletta, Gerd, Peter und Robert

EINGEKLEMMT

Es war früh am Abend und noch nicht ganz dunkel. Das gesamte Weteringviertel wurde abgeriegelt, eine Kolonne Soldaten mit schwarzen Sturmhauben brachte sich in Stellung. Über den Häusern kreiste ein Hubschrauber, dessen Scheinwerfer direkt auf die Vordertür gerichtet war. Ein zweiter Hubschrauber erhellte den Garten hinter dem Haus, als handelte es sich um einen Operationssaal. Der Holztisch mit den sechs Stühlen, ein zusammengeklappter Sonnenschirm, das kleine Rasenstück in der Mitte, ein paar Sträucher am Rand – alles gefangen im gleißenden Licht aus mehreren Sonnen.

Jan Janssen war nicht zu Hause. Am späten Nachmittag hatte er erste Bilder gesehen und die ersten Augenzeugenberichte gelesen. Als ihm bewusst wurde, dass er geradezu darum gebeten hatte, begann er sich schuldig zu fühlen, durch und durch schuldig. Um seine Gedanken zu sammeln, ging er hinaus ins Freie. Nach einer Stunde im Park kehrte er, noch immer mit einem bleiernen Gefühl im Magen, wieder zurück in seine Straße – und sah sich plötzlich einem gewaltigen Spektakel gegenüber: Streifenwagen, Blaulicht, reglose Scharfschützen mit Zielfernrohren auf ihren Gewehren, zwei Panzerwagen, überall rotweiße Absperrbänder und Uniformierte, die gehetzt hin und her liefen.

Jan kam gar nicht auf die Idee, dass dieses Theater etwas mit ihm zu tun haben könnte. So freundlich, wie es ihm nur möglich war, fragte er den Polizisten an der Absperrung, ob er durchkönne, er wohne gleich da hinten, mit Frau und Kindern, und wolle nach Hause. Der Beamte zögerte keine Sekunde und nahm ihn sofort in den Zangengriff. Jan lag am Boden, in einer Schraubzwinge, wie er es sich niemals hätte ausmalen können: Nur seinen Kopf und die Beine konnte er noch ein wenig bewegen, der Rest seines Körpers war hoffnungslos eingeklemmt. Der Polizist brüllte, vier oder fünf Soldaten stürzten herbei und richteten ihre Waffen auf den Familienvater, der nicht begriff, warum man ihn aufs Pflaster drückte, weshalb ihn jetzt bereits ein zweiter Polizist gepackt hatte, ein dritter ihn unsanft durchsuchte und zwei weitere Soldaten herbeigeeilt waren, so dass er nun in sieben Gewehrläufe starrte.

Jan suchte die Augen der Militärs, konnte aber nichts erkennen – sie verloren sich im Schlagschatten ihrer Helme. Inzwischen schwoll die Kakophonie weiter an, die Sirenen, die Kommandos. Zwischen den Häusern hing ein schwerer Geruch aus Diesel und erhitztem Metall. Ein Lastwagen fuhr im Schritttempo über die Klinker. Weiter hinten rannten Männer in Kampfstiefeln über den schmalen Bürgersteig. Jan konnte es nicht mehr ertragen und schloss die Augen.

EIN AMSTERDAMER FAMILIENVATER

An diesem Abend änderte sich das Leben des Familienvaters für immer. Jan war mehr und mehr abgedriftet und hatte es einfach geschehen lassen, ja, er hatte nicht einmal gemerkt, dass es geschah. Wenn er vor dem Spiegel stehe, meinte er neulich, sehe er einen Fünfzigjährigen vor sich, aber einen, der um einiges jünger wirke, einen Kerl in den besten Jahren. Auch wenn er, erzählte er und lachte dabei, seit kurzem eine Lesebrille verwende, was natürlich schon ein bisschen an einen älteren Mann erinnere. Um es noch ein wenig schlimmer zu machen, hatte Jan sich für ein Retromodell mit runden Gläsern entschieden, das sogenannte Kassengestell, wie es in den Fünfziger- und Sechzigerjahren von fast jedem schwachsichtigen Intellektuellen getragen wurde.

Wenn ein Mann von seinen besten Jahren spricht, liegen diese in der Regel weit zurück, doch unser Familienvater ist oder war – ich kann es nicht mit Sicherheit sagen – tatsächlich ein Mann in diesen besten Jahren. Und gerade deshalb ist es ja so traurig, dass die Zeit ihn jetzt eingeholt hat. Davon will ich erzählen, und zwar haarklein, und dabei Ross und Reiter nennen. Warum ich das will? Die Frage lasse ich vorläufig lieber noch unbeantwortet. Doch ich werde später darauf zurückkommen.

Vielleicht wird man den Namen Jan Janssen für ein ziemlich offensichtliches Pseudonym halten – schließlich ist er einer der häufigsten Vornamen der Niederlande, und das auch noch in Kombination mit einem ebenfalls nicht gerade seltenen Nachnamen. Doch allen Zweiflern kann ich mit der Hand auf dem Herzen versichern, dass unser Familienvater tatsächlich so heißt – auch wenn ich es selbst kaum glauben konnte, als ich bei einer Kennenlernrunde erstmals seinen Vor- und Zunamen hörte. Eher etwas für eine Comicfigur, dachte ich damals.

«Das ist ein hübsches Beispiel für eine Alliteration», sagte der Französischlehrer, der sich gerade als Herr de Vries vorgestellt hatte. «Kennt ihr das Wort? Manchmal wird dafür auch der Begriff ‹Stabreim› verwendet. Das ist zwar nicht ganz dasselbe, aber es trifft ziemlich genau den Kern der Sache.»

Jan schaute mit einem etwas dümmlichen Blick umher. Wir waren kaum eine Viertelstunde im Klassenraum, und gleich am ersten Tag an unserer neuen Schule und in der allerersten Stunde bot sein Name bereits Anlass zu gelehrten Betrachtungen.

«Für mich ist es ein super Name», flüsterte ich, ein Versuch, ihn ein wenig aufzumuntern.

«Leo, gibt es etwas, das du uns mitteilen möchtest?», fragte der Lehrer und sah mich streng an.

«Nein, Entschuldigung …»

«Gut, dann übernehme ich wieder. Jan, du hast einen berühmten Namensvetter. Vor elf Jahren hat ein niederländischer Radrennfahrer die Tour de France gewonnen. Sein Name? … Richtig, er hieß Jan Janssen.»

Ich bemerkte, dass der Junge neben mir unruhig auf seinem Stuhl hin und her rutschte. Hin und her, hin und her. Der Lehrer schenkte ihm jedoch keine Beachtung mehr, er schien Jan vollkommen vergessen zu haben.

«Ihr wisst vielleicht, dass die Frankreichrundfahrt als das bedeutendste Straßenradrennen der Welt gilt? Und das zu Recht, denn die Strecke ist nicht nur ein Kräftemessen mit den anderen Rennfahrern, sondern auch eine echte Kraftprobe, was die Landschaft angeht. Die Tour ist eine Zermürbungsschlacht, der nur die Besten gewachsen sind. In jedem Sommer geht es fast viertausend Kilometer über flaches Land, zu den Hügeln und dann in Richtung der höchsten Berggipfel. Wer da gewinnt, kann überall siegen.»

Der Lehrer unterbrach sich kurz. Ich sah seine Augen von links nach rechts wandern. Anschließend heftete er seinen Blick auf die Wand hinten im Klassenraum, als wären dort die richtigen Worte zu finden.

«Für den Fernsehzuschauer ist die Tour nicht nur ein Radrennen, sondern auch eine Reise quer durch Frankreich: Drei ganze Wochen geht es vorbei an Weinbergen, unberührten Wäldern, anmutigen Tälern, ausgedehnten Felsformationen und kristallklaren Gebirgsbächen. Jeden Tag bekommt man ein anderes Stück von *la belle France*, vom wunderschönen Frankreich zu sehen. Man lernt das gesamte Land kennen, in allen vier Himmelsrichtungen, und auch *la France profonde*, das tiefe, abgelegene Frankreich und seine verschlafenen Dörfer weit weg von den großen Städten und Touristenzielen wie der Côte d'Azur. Die letzte Etappe endet in Paris auf der Avenue des Champs-Élysées, *la plus belle avenue du monde*. Die schönste Allee der Welt … Da, immer an einem Sonntag und nach einem wochenlangen Abrackern, wird der Sieger in die Annalen des Radrennsports eingeschrieben.»

Der Lehrer sah jeden von uns einzeln an, so als wollte er sichergehen, dass wir noch wach wären. Es war früh am Morgen, der Unterricht hatte pünktlich um halb neun begonnen. Nach fünfzig Minuten würde uns eine Klingel bedeuten, dass es Zeit wäre für ein anderes Fach. Dann müssten wir uns, so hatte ich es dem Stundenplan entnommen, auf die Suche nach dem Klassenraum des Mathematiklehrers machen. In der Grundschule hatte ein Lehrer oder eine Lehrerin so gut wie alle Fächer unterrichtet, und wir waren den ganzen Tag über im selben Raum geblieben. Diese Schule hatte nun Spezialisten für jedes Fach, und sobald die Unterrichtsstunde vorbei war – die, wie gesagt, nicht sechzig, sondern nur fünfzig Minuten dauerte –, mussten wir Platz für die nächste Klasse machen.

«So, wie ich es jetzt erzähle», fuhr Herr de Vries fort, «glaubt ihr vielleicht, dass das Wettrennen eine Erfindung des französischen Tourismusverbands wäre, aber das täuscht. Für Sportfans gibt es einiges zu genießen. Alle Facetten des Radrennsports kommen zum Zug: lange Distanzen, Sprint, Zeitfahren, die Bergetappen mit den Anstiegen und, nicht zu vergessen, den sehr viel gefährlicheren Abstiegen. Der Sieger ist der beste und vollkommenste Rennfahrer: Die Frankreichrundfahrt gilt zu

Recht als inoffizielle Weltmeisterschaft. Man könnte auch sagen: Die Tour ist das Wimbledon des Radrennsports.»

Aus einem Klassenraum ein Stück weiter den Flur entlang hörte man lautes Gelächter. Der Lehrer runzelte die Stirn und warf einen raschen Blick auf die Armbanduhr.

«Ich sehe, dass ich mich beeilen muss, denn ich will euch heute mehr beibringen als nur die sechs oder sieben französischen Wörter, die ich gerade genannt habe. Aber zuerst … zuerst noch dies zur Frankreichrundfahrt: Seit dem ersten Mal, als die Tour gefahren wurde, das ist jetzt sechsundsiebzig Jahre her, in all diesen Jahren hat es nur ein einziger Niederländer geschafft, sie zu gewinnen. Und das war Jan Janssen, dein Namensvetter», sagte der Lehrer und nickte dem Jungen neben mir freundlich zu.

«Hätte ich nicht gewusst», murmelte Jan. «Von dem habe ich noch nie gehört. Bei uns zu Hause interessiert sich keiner für Radrennen.»

*

Diese Unterrichtsstunde liegt jetzt mehr als vierzig Jahre zurück. Seitdem wir das erste Mal Bekanntschaft mit der französischen Sprache machten, hat sich so gut wie alles geändert, und an manchen dieser Veränderungen hatte Jan schwer zu tragen. Es ist nicht so einfach, das in ein paar Sätzen zusammenzufassen, aber mit der Pistole auf der Brust würde ich sagen: Jan hat sich in seiner Heimatstadt nicht mehr zu Hause gefühlt. Das ist es im Wesentlichen, wenn auch vielleicht etwas verkürzt. Jan beobachtete es an vielen Dingen, die er vorher nicht einmal bemerkt hatte, und konnte anschließend an nichts anderes mehr denken. Eigentlich wäre das noch keine Katastrophe gewesen, wenn er sich nur nicht so geärgert hätte, richtiggehend zu Tode geärgert. Mehr noch, wenn er nicht aus schierer Wut fast geplatzt wäre.

Jan sah junge Frauen, die auf dem Fahrrad durch die Stadt fuhren, als wären sie allein auf der Welt, ständig mit einem

Kopfhörer über oder zwei weißen Stöpseln in den Ohren – ohne dabei nach links oder rechts zu schauen, sich an irgendwelche Verkehrsregeln zu halten oder auch nur die Ampeln zu beachten. Sie sahen nichts, sie hörten nichts, schwankten mit ihren Rädern wie betrunkene Matrosen über die Straße, überquerten stark befahrene Kreuzungen, während sie lautstark telefonierend noch gerade einem Stadtbus ausweichen konnten. Und natürlich erschrak der Familienvater jedes Mal, wenn er so etwas zu Gesicht bekam. Erst neulich, auf einer dieser idyllischen Grachten nicht weit von seinem Haus entfernt, hatte er wieder so eine junge Frau vorbeifahren sehen, höchstens zwanzig, bestimmt keinen Tag älter, mit langen blonden Haaren und einem Akzent, der ein anständiges Elternhaus verriet. Sie geht schon sehr nachlässig mit sich und ihrem Leben um, hatte Jan gedacht. Nicht, dass es darum ging, es wäre ja absurd, wenn es nur darum ginge, aber unwillkürlich hatte Jan an den Kollegen denken müssen, der ihm noch kurz zuvor erzählt hatte, dass man in der Mittelschicht mindestens zweihundertfünfzigtausend Euro in die Erziehung einer Tochter investieren würde, sprich: von der Anschaffung einer Wiege bis hin zur Abschlussfeier an der Universität.

Diese junge Frau, die natürlich die Tochter von irgendjemandem war, hatte keine Ahnung von den Gefahren, die auf ihrem Weg lauerten. Sie hatte nur Augen und Ohren für ihr Handy, nicht aber für andere Verkehrsteilnehmer, die Spaziergänger, Motorroller, Autos und Lieferwagen, ja, nicht einmal für den riesigen Lkw in der Ferne.

«Oh, du hast ein neues T-Shirt», hörte Jan sie entzückt rufen, als sie an ihm vorbeiradelte.

Das ist symptomatisch, dachte er. Die Gespräche sind in neunundneunzig Prozent der Fälle oberflächlich, sogar so oberflächlich, dass Jan sich schon mal fragte, ob seine Sympathien nicht sehr viel eher dem heranpreschenden Lkw als der plappernden jungen Dame gelten müssten. Doch jedes Mal, wenn ihn solche Gedanken beschlichen, dachte er an seine eigene Tochter, die Erstgeborene, die er innig liebte, und an seinen

Sohn, der drei Jahre später zur Welt gekommen war und an dem er ebenso hing.

*

Die arglos telefonierenden jungen Frauen waren nicht das Einzige, worüber Jan sich ärgerte. Bei weitem nicht. Der Familienvater hatte seit einiger Zeit das Gefühl, dass eine Invasion stattgefunden hatte und ein ungreifbarer Feind sich schleichend seiner Stadt und nicht zuletzt des Stadtteils, in dem er wohnte, bemächtigt hatte. Vor fast dreißig Jahren hatte er ein Haus im Weteringviertel gekauft und sich dort fast sofort rundum wohlgefühlt. In seiner Straße wohnten ein Architekt, einige Geschäftsführer, Universitätsdozenten, Beamte wie er, ein Bildhauer und ein paar Musiker – alles nette Menschen, mit denen man immer eine angenehme Unterhaltung führen konnte, einfach so auf dem Bürgersteig oder in der Kneipe an der Ecke.

In den letzten Jahren hatte sich das alles geändert, hatte sich der Schwerpunkt ganz allmählich von den niederländischen Nachbarn hin zu einem Geschwader aus dem Ausland verlagert. Freiwerdende Häuser und Wohnungen wurden fast durchweg von einem amerikanischen, deutschen, australischen und gelegentlich sogar französischen Expat gemietet oder gekauft. Sie hatten Berufe, deren Bezeichnungen Wörter wie «data science», «analysis & modelling» oder «optimalisation» enthielten. Die meisten arbeiteten bei einem großen Unternehmen, so gut wie immer eine weltweit tätige Firma, einige hatten bei vielversprechenden Startups angeheuert.

Diese Neuankömmlinge sprachen kein Niederländisch, manche benutzten Englisch als Muttersprache oder halbwegs beherrschte Zweitsprache, und sie interessierten sich, wenn überhaupt, nur höchst oberflächlich für ihren neuen Wohnort. Und dennoch feierte die Stadtverwaltung diesen Einmarsch als Sieg von olympischem Format: «Amsterdam zählt mit, Amsterdam ist ein Magnet für Talente von außen, Amsterdam steht nahezu an der Spitze der Rangliste.» Gleichzeitig kletterten die

Häuserpreise in astronomische Höhen. Die Expats bezogen stattliche Gehälter, auf jeden Fall bedeutend höhere als ihre niederländischen Nachbarn. Die Immobilienpreise hielten damit Schritt oder marschierten den Truppen sogar voraus. Inzwischen würde sich unser Familienvater sein eigenes Haus nicht mehr leisten können, wenn er es kaufen wollte. Dafür wäre sein Einkommen – trotz der Beförderungen der letzten Jahrzehnte – einfach nicht hoch genug, nicht einmal in Kombination mit dem Gehalt seiner Frau.

Das Hauptärgernis für Jan waren übrigens nicht einmal die frisch importierten Nachbarn, die kaum Interesse am eigenen Viertel aufbrachten – schlimmer noch war es, dass viele frei gewordene Häuser und Wohnungen überhaupt keine neuen Bewohner mehr bekamen, sondern kaum verhohlen als Jugendherberge, Hotel oder Apartment für Städtetouristen genutzt wurden. Direkt vor seiner Haustür sah Jan, was er auch anderswo in der Hauptstadt schon bemerkt hatte: Tag und Nacht, sieben Tage die Woche, schienen schlagkräftige Truppen, bewaffnet mit Rollkoffern und Mobiltelefonen, durch die Metropole zu marschieren. Immerzu und überall, in seinem Viertel, in ganz Amsterdam, hörte man das Rattern der Plastikrädchen auf den Platten, Klinkern, Pflastersteinen und dem Asphalt.

Schleichend hatten sich weite Teile des Zentrums in wahre Hotelviertel verwandelt: legale Unterkünfte, illegale Bleiben, Schlafbunker oder private Apartments, die nach den städtischen Regularien für einige Monate, aber sicher nicht das ganze Jahr über an Touristen vermietet werden durften. Doch wen kümmerte es? Nur Paragraphenreiter regten sich darüber auf. Die letzten noch verbliebenen Amsterdamer auf diesen verdorrten Feldern, die sich weigerten, sich dem Zeitgeist zu beugen und die Flucht aus der Stadt anzutreten, hatten Hotelgäste als Nachbarn. Sie lebten zwischen Fremden auf der Durchreise, zwischen Partygängern, die sich für ihre Nöte und Bedürfnisse nicht interessierten, sondern es einzig auf einen niemals versiegenden Bierstrom, großzügige Mengen an bewusstseinserweiternden Substanzen und, nicht zu vergessen, einen Besuch auf den Wallen, im Rotlichtviertel der Stadt, abgesehen hatten.

Sind solche Besucher in ihrer zeitweiligen Behausung angekommen, kippen sie ihren Koffer aus und gehen in die Stadt. Zusammen mit all den anderen, mit denen sie nichts gemein haben, außer dass sie sich zufällig zum selben Zeitpunkt an einem Ort aufhalten, über den ihre Freunde, Verwandten, Bekannten, Kollegen und Nachbarn Lobgesänge angestimmt haben. Und sie sammeln sich an Orten, wo eigentlich ungehindert der alltägliche Verkehr fließen sollte: zur Arbeit, zum Bäcker, zum Supermarkt, zur Wäscherei oder zu einem anderen alltäglichen Ziel.

Überflüssig zu erwähnen, dass die Wege der Normal-Amsterdamer hoffnungslos verstopft werden und man kaum noch vor und zurück kommt. Denn der Fremde kommt nicht nur in großer Zahl, er bleibt auch regelmäßig stehen. Touristen machen Fotos, schauen auf ihr Smartphone und versuchen den Stadtplan zu ergründen, um herauszufinden, wo sie gerade sind. Das unterscheidet sie übrigens von früheren Generationen, denn noch vor nicht allzu langer Zeit blickten alle hoch, hinauf zu den Giebeln über den Ladenfronten. Seit ein paar Jahren ist das vorbei, und wohl für immer: Der Reisende von heute starrt auf sein Handy, um zu entdecken, was er um sich herum sehen könnte, würde er sich denn einmal umschauen.

Diese neue Welt machte Jan wütend und traurig zugleich, doch eigentlich vor allem wütend, rasend, fuchsteufelswild. Mich störte das alles weniger, ich gerate nicht so schnell aus dem Gleichgewicht. Das war immer schon so. Wir kennen uns bereits eine Ewigkeit, sind eng befreundet, aber ich bin einfach aus anderem Holz geschnitzt.

*

Bevor ich fortfahre, von meinem alten Freund Jan Janssen zu erzählen, wäre es, glaube ich, empfehlenswert, zunächst mich selbst vorzustellen. Denn letztendlich besteht alles, was man über jemand anderen sagt, zu mehr als der Hälfte aus Projektion, schlampiger Beobachtung, oder es ist schlicht reiner Unsinn. Deshalb scheint es mir sinnvoll, nicht nur darüber zu reden, wie ich Jan wahrnehme, sondern auch von mir selbst zu erzählen.

Mein vollständiger Name lautet Leonardo Michael Hogeler-Larius. Da man das meist etwas kompliziert findet, stelle ich mich in der Regel als Leo Hogeler vor. Ich habe in meinem Beruf nämlich viel mit Menschen zu tun, und denen muss man ein wenig entgegenkommen. Die abgekürzte Version meines Namens ist schon schwierig genug, und außerdem kann Einfachheit nie schaden: «In der Beschränkung zeigt sich erst der Meister», sage ich da immer mit Johann Wolfgang von Goethe.

Im täglichen Leben war ich Klavierlehrer. Das ist ein herrlicher Beruf, einer der schönsten, die es gibt, und ich habe ihn sogar noch ein klein wenig schöner gestaltet. Die meisten Kollegen lassen ihre Schüler zu sich nach Hause kommen, aber mir hat es mehr zugesagt, mich selbst auf den Weg zu machen, und sei es nur, um mal was anderes zu sehen. Ich hatte meine Schüler in gut situierten bis sehr wohlhabenden Kreisen und kam deshalb in die ersten Häuser am Platz: an den Grachten, in der Apollolaan, den Straßen und Alleen am Vondelpark, in der Beethovenstraat oder einer Handvoll verborgener Ecken in Buitenveldert. In meiner Anfangszeit hatte ich auch Schüler am ähnlich betuchten nördlichen Rand von Amstelveen.

Diese Klientel war nicht geplant, sondern hat sich einfach so ergeben, wenn auch nicht ganz ohne Grund: Ich hatte einen ausgezeichneten Ruf, wie ich in aller Bescheidenheit vermerken darf. Mit ein paar Klavierstunden hätte ich sogar einem blinden Kaninchen beibringen können, eine hübsche kleine Melodie zu spielen. Und das ist nicht unwichtig. Die meisten Kinder wollen nämlich überhaupt kein Instrument erlernen, aber sie müssen, wegen der Eltern, und dürfen höchstens mal zwischen Klavier und Cello wählen.

Mein Beruf ist übrigens nicht das Wichtigste, das es über mich zu erzählen gibt. Das Wichtigste ist … ohne diese Information würde man das alles nicht verstehen … so scheint mir jedenfalls … Nun denn, das Wichtigste, das ich von mir erzählen kann, ist dies: Ich bin tot, mein Leben ist vorbei, es gibt mich nicht mehr. Es kam völlig unerwartet, heute vor vierzig Tagen, es war nicht geplant, wirklich in keinster Weise so bezweckt, und trotzdem ist es passiert. In nicht einmal dem Bruchteil einer Sekunde war alles vorbei.

Ich spazierte in dem Moment gerade durch die schmale, sündhaft teure und manchen Kennern zufolge leicht ordinäre P. C. Hooftstraat. Anders als sonst herrschte in dieser Einkaufsstraße wenig Verkehr: ab und zu ein Auto, hier und da ein Radfahrer, das war's. Allerdings hatten offenbar gerade an jenem Tag ganze Völkerschaften beschlossen, hier spazieren zu gehen. So voll habe ich es dort nur selten erlebt, ich hatte das Gefühl, dass halb Amsterdam an den Schaufenstern vorbeidefilierte. Trotzdem war es fast still, jedes Geräusch schien gedämpft, so als läge ein Teppich auf dem Bürgersteig.

Die andere Straßenseite lag bereits im Schatten, ein Zeichen, dass sich der Nachmittag dem Ende zuneigte. Es war einer dieser seltenen Septembertage, an denen alles stimmte. Ich hatte mir gerade eine Jacke gekauft, ein Jackett, das zwar ein echtes Schlussverkaufsschnäppchen, aber immer noch recht teuer, um nicht zu sagen extravagant teuer war. Aber es schien wie für mich gemacht, so dass ich, wenn ich ehrlich bin, kein Interesse für das Preisschild aufbringen konnte. Das ist genau, was ich suche, dachte ich, genau das, was ich schon seit Langem suche. Als ich meine Finger über den Stoff gleiten ließ, verspürte ich ein Gefühl des Gleichgewichts, der Erfüllung und der Ruhe, Empfindungen, die ich in den zurückliegenden Jahren kaum noch erlebt hatte. Während der Pandemie waren sie abgetaucht, und jetzt kamen sie wieder zurück. Es hatte nicht mehr dafür gebraucht als ein neues Kleidungsstück.

Während ich so dahinschlenderte, kam mir der Gedanke, irgendwo einen Kaffee zu trinken, vielleicht mit einem delikaten Gebäck oder einem Likörchen dazu. Ich sah eine Terrasse am Rand des Bürgersteigs – perfekt, um von dort aus das bummelnde Publikum zu beobachten: die shoppenden Landeier, die

Proleten, die Touristen, die lokale Schickeria, die Unterwelt, die spindeldürren russischen Unterwäsche-Models. Alle waren sie da. Oder ich könnte noch ein Stück weitergehen, zu dem stillen, abgeschieden daliegenden Garten des esoterischen Sinnstiftungszentrums, um mir dort, am Rand des Vondelparks, einen Cappuccino mit einem Bio-Apfelstrudel schmecken zu lassen. Ich fand beides gleichermaßen verlockend, und inzwischen schien mir die Sonne ins Gesicht. Ich spürte die wohltuende Wärme, passierte ein exklusives Bekleidungsgeschäft nach dem anderen, lauschte dem Stimmengewirr und nahm die angenehmen Gerüche in mich auf, die aus einem noch geschlossenen Restaurant nach draußen strömten. Fünfzehn Meter weiter sah ich in der Trattoria Quattro Amori drei Pizzabäcker, ihre Kochmützen schräg auf dem Kopf. Sie standen neben einem rotglühenden Ofen und jonglierten mit hauchdünnen Teigfladen, warfen sie in die Höhe, holten sie mit dem Zeigefinger aus der Luft, ließen sie auf ihren Arbeitstisch fallen, kneteten ein paar Sekunden daran herum und warfen sie erneut in die Luft. Und währenddessen hatten sie nur Augen für die schönen jungen Frauen, die in aller Ruhe vorbeispazierten.

Das war er also, dieser eine Moment – der nächste war von ganz anderem Kaliber, und ich kann mit gutem Gewissen sagen: einem unvergleichlich anderen Kaliber. Aus den Augenwinkeln sah ich einen Lichtblitz, der im Bruchteil einer Sekunde zu monströsen Proportionen anwuchs. In rasender Geschwindigkeit, viel zu schnell, um darauf reagieren zu können, kam eine mörderische Druckwelle auf mich zu, der gleich danach ein ebenso mörderisches, weißglühendes Flammenmeer folgte. Es war ein klarer Fall von miesem Timing: falscher Zeitpunkt, falscher Ort. Es hätte für mich nicht schlechter laufen können.

Noch bevor ich auch nur blinzeln konnte, war ich tot – was ich in diesem Augenblick aber gar nicht bemerkt habe. Erst später wurde mir klar, dass ich das Zeitliche gesegnet hatte, auch wenn ich nicht sagen könnte, wie viel später. In meiner jetzigen Welt ist Zeit nämlich ein äußerst vages Konzept: Hier gibt es keine Uhren, keinen Tag, der vierundzwanzig Stunden zählt, keine Woche, die aus sieben Tagen und kein Jahr, das aus zweiundfünfzig Wochen besteht. Es gibt auch keine Jahrzehnte und Jahrhunderte. Und so könnte ich noch eine ganze Weile fortfahren, doch ich glaube, es genügt festzustellen, dass es das alles nicht gibt.

Dort, wo ich verkehre, ist die Zeit nicht einmal eine Einbahnstraße, obwohl sie merkwürdigerweise auch nicht völlig willkürlich abläuft. Es ist beispielsweise nicht so, dass ich plötzlich denke: Heute habe ich doch nichts zu tun, warum gehe ich also nicht mal zum Golgathahügel, sehe mir dort die Kreuzigung Jesu an und setze mich in die erste Reihe, um zu schauen, wie das vor sich ging. So funktioniert das nicht, und es ist auch nicht möglich, die beiden Marias, seine Mutter und seine Geliebte, die laut kirchlicher Lehre auf den Knien vor dem Kreuz hocken, zu fragen, ob sie sich, wie es diese Lehre schon seit Jahrhunderten behauptet, tatsächlich vor Kummer keinen Rat wissen. Das geht einfach nicht. Und ich kann schon gar nicht – um es hier gleich einmal festzuhalten – in dem Moment, in dem Jesus in höchster Not die Worte «Eloï, eloï, lama sabachthani?» – mein Gott, mein Gott, warum hast du mich verlassen? – in die Welt hinausschreit, vortreten und ihm sagen: «Keine Sorge, in zweitausend Jahren weiß man noch immer, wer du bist. Mehr noch, dann stehen überall auf Erden riesige Bauwerke, die alle dir gewidmet sind, mit einer Abbildung von dir am Kreuz, übrigens nicht das Kreuz, an dem du jetzt hängst, aber da wollen wir mal nicht päpstlicher als der Papst sein. Sie kennen dich noch und wissen genau, wer du bist, und darauf kommt es schließlich an.»

Aus irgendwelchen Gründen gehören solche Ausflüge nicht zu meinen Möglichkeiten, und das – ich kann es nicht verhehlen – finde ich ausgesprochen schade. Denn ich würde zu gern wissen, ob Jesus und den beiden Frauen bewusst war, dass dort in dem Moment ein Ereignis von weltgeschichtlicher Bedeutung stattfand. Wussten seine Jünger – und vielleicht auch die römischen Soldaten sowie die anderen Zuschauer auf der Schädelstätte –, dass wir in zweitausend Jahren noch immer darüber sprechen würden? Und wussten sie dann eigentlich auch schon, was ich Jesus würde einflüstern wollen? Konnten sie vielleicht sogar ahnen, dass diese Hinrichtung kein lokales oder regionales Ereignis war, sondern alle Grenzen von Raum und Zeit überwinden würde? Das fände ich eine spannende Frage, aber wie gesagt, ich kann sie nicht einfach stellen. Es stimmt, dass ich mühelos in der Zeit hin- und herzureisen vermag, aber eigentlich nur im Leben der Menschen, die mir nahestanden, sowie in dem meiner Mittoten – zumindest, wenn sie es mir erlauben.

*

Neulich traf ich Jan van Maanen, zu Lebzeiten Bürgermeister von Meerloo. Während er sich mir äußerst höflich vorstellte und mich dabei lange musterte, fragte ich mich, wie ich zu dieser Ehre käme. Vor meinem Dahinscheiden hatte ich, soweit ich mich erinnern konnte, noch nie von dem Mann gehört. Und jetzt kam er wie aus dem Nichts auf mich zu, um Bekanntschaft zu schließen. Offenbar ist der Tod also kein Hindernis, um neue Freunde zu finden oder zumindest jemanden Neues kennenzulernen.

Natürlich kann ich nicht leugnen, dass ich erleichtert war, mich mal mit jemandem austauschen zu können. Van Maanen schien ein freundlicher Mann zu sein, und außerdem bot sich mir dabei eine hübsche Gelegenheit, seinen körperlosen Leib näher zu studieren. Zuvor hatte ich bereits meine eigenen Arme und Beine begutachtet und mich über deren seltsamen Anblick ziemlich gewundert. Jetzt betrachtete ich ihn, wie ich mich selbst gern anschauen würde, einfach, um herauszufinden, wer oder was ich bin. Spiegel sind keine Hilfe, denn darin ist nichts zu erkennen. Zu meinem größten Erstaunen ist mir mein Spiegelbild abhandengekommen.

Während ich mir den Ex-Bürgermeister also ganz ungeniert anschaute, war mir selbstverständlich bewusst, dass ich ihn erst nach seinem Hinscheiden kennengelernt hatte und er sich somit eigentlich nicht als Studienmaterial eignete. Dennoch konnte ich drei Dinge an ihm feststellen. Erstens sah ich so etwas wie sein ehemaliges Ich, denn sein gesamtes Erscheinungsbild deutete irgendwie darauf hin, dass er noch lebte. Zweitens war es klar, dass er nicht mehr lebte, denn sein Körper war vollkommen durchsichtig, und das kann er vor seinem Tod nicht gewesen sein – zumindest nehme ich das an. Drittens, und für mich ist das die logische Folge der Durchsichtigkeit, bestand er nicht aus Materie, sondern aus Energie oder Wellen. Das klingt vielleicht ein bisschen esoterisch, aber ich habe keine Ahnung, wie ich es anders ausdrücken sollte. Schließlich bin ich Pianist, kein Fachmann für Theoretische Physik.

Jan nickte, als wollte er sagen: Ja, sieh einmal an, du verkehrst offenbar noch nicht so lange unter uns, natürlich bist du neugierig. Er ließ mich nicht an seinen Gedanken teilhaben, das spürte ich sofort, er berichtete aber ausführlich über seinen ziemlich dramatischen – ich möchte fast sagen: theatralischen – Abgang. Ohne Umstände, sogar ohne sich speziell an mich zu wenden, fing er an, von dem Konzert zu erzählen, mit dem traditionell der Königstag, unser nationaler Feiertag am 27. April, seinen Abschluss findet. Dieses Spektakel auf dem Platz vor dem Gemeindehaus hatte sich zum wichtigsten Ereignis des Jahres entwickelt. In Meerloo selbstverständlich.

In dem kleinen und unbedeutenden, wenngleich sehr gut situierten Pendlerdorf gab es genügend gute Musiker, um daraus ein ernstzunehmendes Sinfonieorchester zusammenzustellen. Denn, so erklärte Jan, in seiner Gemeinde lebten eine ganze Menge Mitglieder von Ensembles aus den Großstädten im Westen unseres Landes. Das ganze Jahr über seien sie Teil einer weltberühmten Institution wie etwa des Concertgebouw-Orchesters, doch an diesem einen Tag nähmen sie von Herzen gern auf der Amateurbühne Platz, um einträchtig zusammen mit dem örtlichen Musikverein zu musizieren. Dieses improvisierte Orchester sei nicht viel mehr als das musikalische Äquivalent zu einer Kneipen-Fußballmannschaft, aber trotzdem erreiche es jedes Jahr aufs Neue ein beachtliches Niveau.

«Auch ein zufällig zusammengewürfeltes Orchester kann etwas sehr Schönes auf die Beine stellen», sagte Jan mit sanfter Stimme.

Ich nickte nur, vor allem, um ihm weitere Hinweise zu entlocken. Merkwürdigerweise hatte ich noch nie von dieser Tradition gehört, obwohl sich doch mein ganzes Leben um die Musik gedreht hat und Meerloo gar nicht so weit von Amsterdam entfernt liegt.

«Es war ein wunderbarer Abend. Carla, meine Frau, und ich saßen in der ersten Reihe. Die Musiker hatten ihre Instrumente auf dem Schoß und waren bereit loszulegen. Zwischen den Holzbläsern erkannte ich einen seit kurzem bei uns tätigen Verwaltungsbeamten. Ich hatte gar nicht gewusst, dass der Mann in seiner Freizeit musiziert …»

Jan schien mit seinen Gedanken einen Moment woanders zu sein, griff den Faden aber schnell wieder auf.

«Nun denn … Hinter dem Orchester, in den Fenstern des Rathauses, spiegelte sich die Sonne, die von Minute zu Minute größer wurde und sich tiefer zum Horizont hinabsenkte. Das abwechselnd gelbe und rote Licht verwandelte die Blechinstrumente in richtiggehende Scheinwerfer – die ganze Bühne leuchtete. Jeder hielt den Atem an. Es war die reinste Magie.»

Ich sah ihn an und nickte wieder.

«Der Dirigent trat vor und wurde mit einem nicht enden wollenden Applaus begrüßt. Ich sah das mit großer Zufriedenheit, denn ich wusste, dass uns ein gelungener Abend bevorstand. In solchen Momenten gilt die Devise: Wenn alle mit voller Überzeugung mitmachen, kann sich das Dorf einfach selbst übertreffen.»

«Und, ist es gelungen?», fragte ich und bedachte zugleich, dass meine Worte im Lichte der späteren Ereignisse jenes Abends vielleicht ein wenig unangebracht waren.

«Ja …», sagte Jan und starrte einen Moment in die Ferne. Zweifellos dachte er dasselbe, schien sich aber nicht oder zumindest nicht allzu lange damit aufhalten zu wollen.

«Ja», setzte er seinen Bericht fort, «es würde ein gelungener Abend werden, das spürt man in solch einem Moment … Es machte mich zu einem glücklichen Menschen, und das führte wiederum dazu, dass ich den stechenden Schmerz tief in der

Brust kaum bemerkte. Den Schmerz hatte ich schon vorher ein paarmal verspürt, und auch diesmal beschloss ich, ihn so gut es eben ging zu ignorieren. Demnächst mal zum Hausarzt, dachte ich, es ist sicher nichts. Du musst wissen, dass ich ein ziemlicher Workaholic war. Von klein auf habe ich gern und hart gearbeitet, und damit ist der Körper nicht immer einverstanden. Zweifellos kennst du das aus eigener Erfahrung, vielleicht auch nicht. Im Laufe der Jahre hatte ich mich an kleine Beschwerden und Unannehmlichkeiten gewöhnt. Das fand ich nicht besonders beunruhigend. Außerdem schien es dieses Mal schnell abzuklingen, was mich in der Annahme bestärkte, dass es nichts Ernsthaftes war.»

Einen Augenblick lang wusste ich nicht recht, was ich sagen sollte. Das Ende war bekannt – wie hätte er mir sonst jetzt gegenüberstehen können? Das war kein besonders kompliziertes Puzzle. Jedes x-beliebige Kleinkind hätte es lösen können.

«Der Dirigent gab dem Konzertmeister die Hand», fuhr Jan fort, als würde er einen stinknormalen Frühlingsabend beschreiben, «und verbeugte sich vor dem Publikum. Meine Frau hat mir mal erklärt, dass so ein Auftritt von A bis Z aus Ritualen besteht. So sei es schon seit Generationen, und so werde es auch in fünfzig oder sechzig Jahren noch sein. Sie sagte, dass ein Dirigent aus der Zeit kurz nach dem Krieg, der durch einen Zufall im Hier und Heute landen würde, den Zeitsprung nicht einmal bemerken würde. All die kleinen Gesten, die ungeschriebenen Regeln beim Applaus, das ganze Spiel – das sei noch immer genauso wie vor mehr als fünfzig Jahren.»

Ich nickte wieder. Eigentlich konnte ich nicht anders, als ihm recht zu geben. Es stimmt.

«Während der Applaus langsam abflaute, setzten die Musiker sich noch einmal aufrecht hin, blickten, ohne sich zu rühren, auf die Notenständer vor sich oder fummelten unruhig an ihren Noten herum. Nach ein oder zwei Minuten legte sich auch das, und es wurde ganz still, unwirklich still. So, als hielten alle auf dem Rathausplatz die Luft an. Sogar die Vögel gaben keinen Laut von sich, und es dauerte und dauerte. Nach einer Ewigkeit, so fühlte es sich zumindest an, tippte der Dirigent dann dreimal aufs Pult, bewegte ganz langsam seine rechte Hand, dann auch die linke. In der hintersten Reihe setzte das Horn ein, zuerst fast unhörbar, aber schon bald lauter.»

Ich überlegte kurz, ob ich ein weiteres Mal nicken, ein zustimmendes Grunzen von mir geben oder ihn zur Abwechslung einmal etwas umfassender verbal ermuntern sollte. Doch das erwies sich als überflüssig. Der Bürgermeister – beziehungsweise: der ehemalige Bürgermeister – lebte ganz und gar in seinen Erinnerungen und fuhr in seinem Bericht fort, ohne sich um irgendetwas zu kümmern.

«Es war wunderbar. Wirklich herrlich. Ich sah es, ich hörte es, wurde aber zugleich von etwas anderem vollkommen in Beschlag genommen. Zuerst spürte ich eine Art Spannung, vor allem in den Armen und Beinen, und dann fingen all meine Gliedmaßen an zu zittern, so als ob sie einen eigenen Willen hätten. Als die Pauken einsetzten und die Streicher ihre Bögen anlegten, fuhr der Schmerz, derselbe Schmerz, der mir in den Wochen davor schon einige Unannehmlichkeiten bereitet hatte, wieder durch den Oberkörper, aber diesmal fünf-, zehn-, ach, was rede ich: hundertmal so schlimm. Ich wusste nicht einmal, dass so etwas überhaupt möglich war. Die Welt schien nur noch aus dieser einen Folter zu bestehen. Gleichzeitig war ich bei vollem Bewusstsein. Ich wusste genau, was um mich herum geschah.»

«Wirklich?»

«Ja. Im Nachhinein hat es mich noch am meisten gewundert, dass ich meine Umgebung dabei so deutlich wahrgenommen habe. Es schien, als ob das Ganze völlig bedeutungslos wäre, und trotzdem konnte ich das alles deutlich sehen und hören.»

«Bei mir ging es blitzschnell. Erst später habe ich begriffen, was mit mir passiert war», sagte ich.

«Ja ...»

«Hast du Angst gehabt?»

«Nein, ja ... oder eigentlich ... Ich bekam keine Luft mehr. Egal, was ich versucht habe, es war, als wäre meine Lunge eingeklemmt. Ich habe geschrien, geknurrt, wollte, dass es aufhört, habe versucht aufzustehen, fand aber nirgendwo mehr Halt. Ganz langsam bin ich vom Stuhl gerutscht und aufs Pflaster geschlagen, das sich merkwürdig weich anfühlte. Genau in dem Moment brach die Aufführung in tausend kleine Stücke auseinander, das habe ich ganz deutlich gehört. Kurz vorher hatten die Musiker noch souverän gespielt, bereit, gemeinsam aufzubrechen, abzuschweifen, wieder zueinanderzufinden, die Kräfte zu bündeln, um noch einmal abzuschweifen – genau, wie es sich der Komponist und der Dirigent vorgestellt hatten. Das geriet nun alles aus dem Tritt, dem Stück ging die Luft aus, es wurde zu einer unbeschreiblichen Kakophonie. Ich spürte, nein, ich wusste, dass sie nicht aufhören konnten. So tief war ihre Konzentration, dass die Musiker, als sie merkten, dass die Sache schiefging, ihre Bestürzung nur über ihr Instrument zum Ausdruck bringen konnten. Das verstand ich, verstand es wie kein anderer, ich spürte es gewissermaßen in meinem Körper. Der Verwaltungsbeamte stand auf. Ohne dass es ihm bewusst war, stieß er seinen Notenständer um. Die Ständer daneben fielen ebenfalls um, einer nach dem anderen, wie Dominosteine.»

«Wirklich? Hat er es wirklich nicht gemerkt?», fragte ich, eigentlich völlig überflüssigerweise, denn Jan reagierte überhaupt nicht mehr auf mich. Er setzte seinen Bericht einfach fort.

«Von weither hörte ich meine Frau rufen, schreien und kreischen. Ich konnte sie hören, aber sie schien sich in einer anderen Dimension zu bewegen, alle Geräusche klangen gedämpft und wie gemurmelt, so, als würde ich unter Wasser schwimmen. Leute, die ich von früher kannte, kamen vorbei, mein Vater und meine Mutter, Carlas Eltern. Ich sah grelle Farben und Blumen. Dicht über dem Boden tanzte ein Drachen im Wind, der lange Schwanz mit bunten Papierschleifen wand sich wie eine Schlange. Etwas höher schwirrten und zirkelten Dutzende von Schwalben am Himmel, während sie Insekten aus der Luft fingen und schrille, arrhythmische Schreie ausstießen. Über ihnen zogen Wolkenstreifen träge vor einem ungemein blauen Himmel dahin.»

«Ging es bei dir sofort in diese Richtung? Du warst mit einem Mal auf der anderen Seite der Grenze?», fragte ich und bedachte im selben Moment, dass ich eigentlich überhaupt keine Ahnung hatte, was mit dieser Richtung und dieser Grenze gemeint war. Ich hatte es nur so dahingesagt, doch zu meinem Erstaunen erwiesen sich meine Worte als Volltreffer.

«Ja, genauso war's. Soweit ich mich erinnere, war mir klar, dass es definitiv passieren würde.»

«Bei mir war es anders …»

«Das höre ich öfter.»

«Bist du denn eine Ausnahme?»

«Ich glaube schon.»

«Du bist der Erste, mit dem ich darüber spreche.»

«Das weiß ich», sagte Jan achtlos.

«Natürlich weißt du das …»

«Ja … Als ich da hilflos auf dem Boden lag … Ich sah noch immer die Schwalben und die Wolken, aber gleichzeitig kehrte die Welt um mich herum allmählich wieder zurück. Der Schmerz, der mich kurz davor fast wahnsinnig gemacht hatte, war nahezu verschwunden. Ich sah mehrere Hände auf meiner Brust, die von Carla und die von jemand anderem, ich erkannte ein paar prominente Dorfbewohner. Der Verwaltungsbeamte saß neben mir. Er glich einem angeschossenen Tier, die nackte Panik stand ihm in den Augen. Ich wollte ihn beruhigen und ihm sagen, dass es überhaupt keinen Grund gäbe, sich zu fürchten, aber es gelang mir einfach nicht, den Mund zu öffnen. Mein Hemd wurde mir aus der Hose gerissen, die Knöpfe flogen durch die Gegend. Ich sah es, und ich sah die Gesichter, aber ich fühlte nichts. Ich nahm es wahr, das war's, das war alles. Eigentlich befand ich mich schon nicht mehr unter den Lebenden. Das ist nun alles vorbei, dachte ich und spürte, wie langgezogene Wellen des Glücks durch meinen Körper strömten. Ich versuchte erneut, Luft zu holen, aber da meine Lunge immer noch ihren Dienst verweigerte, war ich bereit aufzugeben.»

«Du hast keinen Widerstand geleistet?»

«Nein … und es hörte fast sofort auf. Während ich mich umsah, meinen Blick in die Runde schweifen ließ und noch ein letztes Mal alles in mich aufnahm – genau in dem Moment war es auch schon vorbei. Ich sah Carla und empfand unendlich tiefe Liebe zu ihr, mehr, als ich ihr jemals hätte sagen können, doch die Entfernung zu ihr wurde rasch größer und größer, bis sie für immer verschwunden war. Langsam trieb ich auf ein Meer aus tiefer, tiefer Ruhe hinaus …»

Jan machte eine kurze Pause und richtete plötzlich den Blick auf mich.

«Das war es», sagte er und ging, ohne sich von mir zu verabschieden und ebenso unvermittelt, wie er gekommen war. Sein schemenhafter Körper hatte sich schon nach wenigen Sekunden in Nichts aufgelöst.

*

So, wie der Bürgermeister von Meerloo sein Ende gefunden hatte, war es bei mir nicht gewesen, nicht einmal annähernd. Ich hatte das Flammenmeer gesehen, und im nächsten Augenblick, weniger als eine Millisekunde später, war es auch schon um mich geschehen. Alles um mich herum wurde schwarz. Das berühmte gleißend helle Licht am Ende des Tunnels, das angeblich alle sehen – von diesem Licht habe ich nicht das Geringste mitbekommen.

Irgendwann wurde ich wach und fand mich an einem Ort wieder, an dem offenbar ein Krieg gewütet hatte. Es dauerte einen Moment, bis ich in den rauchenden Trümmern die Einkaufsstraße wiedererkannte, durch die ich gerade noch im Sonnenschein spaziert war. Einige Autos waren umgeworfen worden und lagen auf der Seite. Gegenüber, auf der anderen Straßenseite, stand das Chassis eines Fahrzeugs, das einmal ein Lieferwagen gewesen sein musste. Die Karosserie war komplett verschwunden, und auf der Bodenplatte brodelte eine Art Brei, aus dem sonderbare giftgrüne Rauchschwaden aufstiegen. Die Ankleidepuppen in den Schaufenstern hatten keine Köpfe mehr, waren nackt oder schwarz angesengt. Überall auf dem Bürgersteig lagen Glasscherben herum. Ein grüner Abfallbehälter war auseinandergerissen worden und sah jetzt aus wie eine Lilie in voller Blüte. Auf dem Asphalt trieben zerfetzte Frauenkleider im Wind.

Allein in meiner unmittelbaren Umgebung lagen schon vier Tote. Merkwürdigerweise schienen sie kaum Raum einzunehmen. Ohne Muskelspannung fällt ein Mensch völlig in sich zusammen. So stellte ich es mir jedenfalls vor, denn ich sah nicht viel mehr als eine kaum noch identifizierbare Form unter ein paar Kleiderfetzen. Ganz in der Nähe schaukelte ein abgetrennter Kopf hin und her, ohne dass ich erkennen konnte, durch was er bewegt wurde. Ein Teil seines Unterkiefers fehlte: Die rechte obere Seite des Gebisses lag frei und ungeschützt der Sonne zugewandt. Ich sah ein paar große Amalgamfüllungen, eine plumpe Goldkrone und ein Loch an der Stelle, an der ein Backenzahn gesteckt haben musste. Es schien sich um kein sonderlich modernes Gebiss zu handeln, niederländische Zahnärzte arbeiten schon seit Jahrzehnten nicht mehr auf diese Weise. Es musste ein Tourist gewesen sein.

Im Nachhinein hat es mich noch am meisten gewundert, dass ich alles so ungerührt, fast sachlich, wenn auch mit äußerstem Befremden in mich aufnahm. Was mir in jenem Augenblick vor allem auffiel, war die nahezu vollkommene Stille. Ich hörte lediglich ein leises Rauschen des Windes: die Frauenkleider, die über den Asphalt trieben, das Rascheln der Blätter. In der Ferne ein dumpfes Pfeifen, von dem ich nicht hätte sagen können, woher es kam. Das war alles. Kein Stöhnen, kein Jammern, nur Stille. Die Welt war vollkommen zum Stillstand gekommen. Es stank, das schon, es stank fürchterlich. Die Luft war geschwängert von einem Geruch, so widerlich, dass ich hoffe, so etwas nie mehr riechen zu müssen.

Wie dem auch sei, es war ein lupenreines Wunder, um nicht zu sagen: ein göttliches Wunder, dass ich das überlebt hatte. Das glaubte ich zumindest. Bis ich auf die Idee kam, meinen Körper einmal gründlich zu kontrollieren, bevor ich mich zu triumphalen Schlussfolgerungen verstieg. Auch wenn ich mich gut fühlte, konnte es schließlich nicht schaden, einmal nachzuschauen, ob wirklich alles noch in Ordnung war. Denn ich hatte genügend Geschichten von Leuten gehört, die mit einer Schnittwunde vom Nabel bis zum Hals noch selbst in die Notaufnahme gelaufen waren. Oder von Soldaten, die mit tödlichen Wunden weitergekämpft hatten – als wäre es die normalste Sache von der Welt, sich selbst dann noch auf den Beinen zu halten. Offenbar kann eine lebensbedrohliche Verletzung so starke Kräfte in einem Körper freisetzen, dass er noch fast tadellos funktioniert, obwohl er längst hätte kollabieren müssen: Es werden buchstäblich die letzten Reserven mobilisiert – einzig, um das nackte Leben zu retten, um hier einmal ein etwas abgegriffenes Klischee zu benutzen.

Ein wenig pflichtschuldig inspizierte ich also meine Arme und Beine und sah zu meinem Erstaunen – nichts. Rein gar nichts. Ich schien über dem Boden zu schweben, unter mir ein Körper, den ich sofort als den meinen erkannte. Oder, um es genau zu sagen: Ich erkannte die Kleider, die diesem Körper zum Teil noch um den Leib hingen und ansonsten im Wind flatterten. Unter der rechten Schulter lag ein Stück von der Papiertüte, in der das frisch gekaufte Jackett gesteckt hatte, von der Jacke selbst war keine Spur mehr zu entdecken. Der Rest war ein unglaubliches Durcheinander: überall Blut, Knochensplitter, Fleisch- und Hautfetzen. Das rechte Bein stand in einem merkwürdigen Winkel vom Körper ab, und als ich noch einmal genau hinsah, musste ich feststellen, dass es unterhalb des Knies nahczu vollständig abgerissen war. Hier hielten ein paar Sehnen und Hautfetzen das Ganze notdürftig zusammen. Der linke Arm war komplett verschwunden. An der Schulter bemerkte ich einen halbrunden weißen Kern, umgeben von einem roten und violetten Glibber – anders kann ich es nicht beschreiben. Das Gesicht hatte einen friedlichen, beinahe frommen Ausdruck, die Augen waren geschlossen, und ein merkwürdig ironisches Lächeln spielte um die Lippen. Man hätte es fast glücklich nennen können, wäre da nicht der Anblick des

Hinterkopfes gewesen: Die Schädeldecke war weggerissen, und ein Teil dessen, was sie hatte schützen sollen, lag auf der Straße. Offenbar braucht der Mensch also kein Gehirn, um denken zu können.

Wenn ich ehrlich bin, kann ich nicht behaupten, dass es mir viel ausmachte, meine sterblichen Überreste dort liegen zu sehen. Ich kann sogar ohne Übertreibung feststellen, dass ich mit einem kühlen, fast objektiven Blick auf mein verstorbenes Selbst hinabschaute. Eigentlich fühlte ich mich schon nicht mehr mit demjenigen verbunden, der ich gerade noch gewesen war. Der Körper, den ich so gut kannte und von dem ich wusste, was er von innen fühlte und wie er außen reagierte, was ihn erregte, bei ihm Gänsehaut erzeugte und ihn glücklich machte – er war nun völlig unbewohnbar. Mit ihm konnte ich nichts mehr anfangen, es war aus und vorbei. Schlagartig wurde mir klar, warum ich mich so seltsam melancholisch und heimatlos fühlte: Ich hatte mein Zuhause verloren, war obdachlos geworden. Mehr noch, mir fehlte jegliche Orientierung. Einen Weg zurück gab es nicht, aber ich hatte auch keine Ahnung, was ich nun machen sollte. Ich konnte den Körper ebenso gut zurücklassen, daran bestanden kaum Zweifel, ich würde allein weiterziehen müssen, aber wohin? Alles in allem erschien mir das Ganze von einer bodenlosen Trostlosigkeit: Das war das Einzige, woran ich in dem Moment denken konnte.

*

Wie lange die Stille nach dem Anschlag anhielt, könnte ich nicht sagen. Hatte ich mich fünf Minuten lang fassungslos umgeschaut? Oder zehn? Mehr kann es jedenfalls nicht gewesen sein, bevor plötzlich die Hölle losbrach. Und auch das kam völlig unerwartet. Die unwirkliche Ruhe verwandelte sich ohne Vorwarnung in ihr Gegenteil. Innerhalb von höchstens ein paar Sekunden war die Luft plötzlich erfüllt von aufheulenden Motoren, quietschenden Reifen und Sirenen. Ein kompletter Fuhrpark bog in die Einkaufsstraße. Überall dort, wo eben noch alles frei gewesen war, füllte es sich im Nu mit Polizeiautos, Feuerwehrfahrzeugen, Krankenwagen und dunkelgrünen Panzerfahrzeugen eines Typs, den ich noch nie gesehen hatte. Ein Polizeihubschrauber stand über mir in der Luft. Überall herrschte Bewegung und Lärm. Rotweiße Absperrbänder wurden quer über die Fahrbahn gespannt. In einiger Entfernung sah ich zwei Personen in weißen Astronautenanzügen, etwas davor war eine Frau damit beschäftigt, alles mit der Kamera festzuhalten.

Drei Männer in merkwürdigen schwarzen Uniformen mit dem Emblem des niederländischen Löwen auf dem Oberarm, jedoch ohne Rangabzeichen, kamen über den Bürgersteig und sahen sich jedes Todesopfer an. Auch bei mir blieben sie stehen, ohne wirklich nach mir zu schauen. Keine halbe Minute, und sie gingen auch schon weiter. Bei der Leiche neben mir verweilten sie ein wenig länger. Sie unterhielten sich in knappen Sätzen, die aus höchstens zwei oder drei Wörtern bestanden. Es schien, als würden sie etwas suchen, doch ihren Bewegungen und den kurzen Dialogen konnte ich nicht entnehmen, was das war.

Ein paar Minuten später erschien ein zweiter und fast unmittelbar darauf noch ein dritter Hubschrauber über der Straße. Der Krach war unerträglich. Ich hielt es schon bald nicht mehr aus und ging. Weg, bloß weg, ich wollte einfach nur noch weg von hier. Eigentlich wusste ich nicht, wohin, trotzdem bin ich gegangen. Meinen Körper ließ ich zurück. Die Leute, die so plötzlich aufgetaucht waren, würden schon wissen, was sie damit machen mussten. Ich empfand bei alldem kaum noch etwas.

*

Später wurde mir klar, dass es sich um einen der größten Anschläge handelte, die jemals verübt worden waren, zumindest in Europa. Etwas in einer solchen Größenordnung hatte es bisher nur in Städten wie Berlin, London, Paris und Madrid gegeben. Und mich hatte es also nun gleich beim ersten Mal in den Niederlanden erwischt. Pech muss man haben.

Es hatte schon vorher schwere Zwischenfälle dieser Art gegeben. Vor fast zehn Jahren waren bei einem Anschlag mehrere Menschen umgekommen. Dabei hatte es sich überdeutlich um einen Terrorakt gehandelt. Niemand, der es leugnete. Doch in anderen Fällen hieß es, sobald auch nur der kleinste Zweifel möglich war, seitens der Polizei sofort, in der Regel innerhalb weniger Stunden, dass die Tat einer verwirrten Person oder jemandem, dem am Steuer schlecht geworden sei, zugeschrieben werden könne.

Vor einem Jahr war zum Beispiel ein Autofahrer auf dem Vorplatz des Hauptbahnhofs in Den Haag in eine Gruppe Franzosen gefahren. Sie waren dort gerade angekommen und wollten zum Binnenhof, dem Parlamentssitz, und dem nahegelegenen Museum Mauritshuis spazieren. «Nein», hieß es gleich vonseiten der Polizei, «dabei handelte es sich nicht um einen Anschlag.» Kurz davor hatte der Wagen noch groß und breit vor dem Bahnhof gestanden, wohlgemerkt auf dem Bürgersteig. Jeder weiß, dass man dort nicht parken darf, und trotzdem war es niemandem verdächtig vorgekommen. Zwei Polizisten schickten den Mann achtlos weg – der dann mit hoher Geschwindigkeit auf die französischen Touristen losfuhr. Und nicht bremste. Dem Polizeisprecher zufolge hatte der Fahrer einen epileptischen Anfall gehabt oder aus irgendeinem anderen Grund die Kontrolle über das Lenkrad oder was auch immer verloren. Aber offenbar nicht über das Gaspedal. Wenn man in einem Segelboot die Leinen loslässt, bleibt es sofort liegen; macht man das in einem Auto, fährt man laut Polizei in eine Menschenmenge. Soweit es mich betraf, war die Sache ganz einfach: Ich hielt den Autofahrer für einen Einzelgänger, einen *lone wolf*, der sich vergleichbare Anschläge im Ausland zum Vorbild genommen hatte, um sie auch einmal *à la Hollandaise* umzusetzen.

Auch jenseits der Landesgrenzen behaupteten die Behörden bei solchen Vorkommnissen vorzugsweise, dass es sich dabei um jemanden mit psychischen Problemen handele. Klar doch, dachte ich, ein Anschlag kann nur von einem hoffnungslos verwirrten Geist verübt werden. Offenbar wandten alle in Europa dieselbe Verleugnungstaktik an: Niemand wollte Terrororganisationen eine öffentliche Bühne bieten, und zugleich versuchten die offiziellen Stellen zu verhindern, dass andere, ebenso hoffnungslos verwirrte Geister ihrerseits dem Hobbyterroristen nacheiferten. Das ist vernünftig, das gebe ich gern zu, aber es erfordert politische Rückendeckung in Verbindung mit strikter Geheimhaltung. Nur dann können solche stümperhaften Anschläge als eine unglückliche Verkettung von Umständen abgetan werden.

*

Der Anschlag in der P.C. Hooftstraat war jedenfalls kein Unfall. Er war nicht das Werk eines etwas verwirrten Geistes oder eines Menschen, der im falschen Moment in Ohnmacht gefallen war. Es hatte nicht einmal den Anschein, im Gegenteil: Die Tat war in großem Stil geplant und ebenso professionell wie mörderisch ausgeführt worden. In dem Abfallbehälter, der wie eine aufblühende Lilie geöffnet war, hatte jemand mehrere Kilo Sprengstoff deponiert. Und auch der Lieferwagen war vollgestopft gewesen mit Dynamit, von dem im Übrigen nicht mal ein Viertel explodiert war. Ich hatte mich also genau zwischen zwei Explosionsherden befunden, der Bombe im Mülleimer und der im Transporter. Und das war noch nicht alles. Keine halbe Minute, nachdem der Abfallbehälter und das Fahrzeug in Stücke gerissen wurden, hatten zwei junge Männer an der Kreuzung, auf gegenüberliegenden Straßenseiten, ihre Sprengstoffgürtel gezündet.

Das Ganze bringt mich ins Grübeln, denn die beiden mit ihren Gürteln sind jetzt natürlich auch hier, daran besteht wenig Zweifel. Es ist unwahrscheinlich, dass sie die Explosion überlebt haben, und ich gebe gern zu, dass es für mich eine gruselige Vorstellung ist, dass sie irgendwo in meiner Nähe herumschweben. Hoffentlich gibt es eine gesonderte Abteilung für solche Fälle. Das scheint mir sogar ziemlich logisch, obwohl ich nicht behaupten kann, dass ich hier alles so besonders logisch finde. Auf jeden Fall waren nicht sie es, die mich ermordet haben, glaube ich zumindest – es sei denn, sie hätten auch die Bomben fabriziert. Das halte ich jedoch für nicht sonderlich plausibel, denn als Terrorchef würde ich meinen Strategen und Technikern wohl kaum befehlen, sich selbst in die Luft zu sprengen – das würde ich dem Fußvolk überlassen. Oder täusche ich mich? Denn wenn ich es mir genau überlege, habe ich nicht die leiseste Ahnung, wie so etwas vor sich geht, ich weiß nur, dass die Sache schlecht ausgehen kann. Wie bei mir zum Beispiel. Deshalb befinde ich mich jetzt in diesem merkwürdigen Schwebezustand, anstatt Klavierunterricht zu geben.

Eine oder zwei Wochen nach dem Anschlag bin ich dem Ganzen etwas intensiver nachgegangen und habe herausgefunden, dass fast unmittelbar nach der Explosion, buchstäblich auf die Minute, die Stadt in ihrer Bewegung erstarrte. Mit einem Schlag stand das Leben still, bis weit über die Stadtgrenzen hinaus. Es fuhren keine Busse, U-Bahnen, Straßenbahnen und auch keine Züge mehr. Gleichzeitig erschienen überall wie aus dem Nichts Straßenblockaden: ingeniöse Fallen, die die Autofahrer zwangen, ihre Geschwindigkeit zu drosseln und dann völlig zum Stehen zu kommen. Aus demselben Nichts tauchten schwerbewaffnete Soldaten mit schwarzen Sturmhauben über dem Kopf auf. An jeder großen Kreuzung gingen sie hinter eigens errichteten Barrikaden in Position, an den wichtigsten Knotenpunkten standen sogar Panzerwagen am Straßenrand.

Wer hatte das so schnell in Gang gesetzt? Wo hatten sie sich all die Zeit über aufgehalten, dass sie nun innerhalb einer Viertelstunde an allen wichtigen Orten in der Stadt stehen konnten? Wussten Polizei oder Geheimdienst, dass etwas passieren würde – und warum ist es dann trotzdem passiert? Hätte niemand es aufhalten können? Oder wollte es niemand aufhalten? All diese Fragen schwirrten mir im Kopf herum, ich konnte sie nicht abstellen. Jedes Mal, wenn ich darüber nachgrübelte, kamen mir dieselben Gedanken, immer aufs Neue: Wer hatte das getan, warum hatte niemand eingegriffen, und hatte ich denn wirklich ausgerechnet an dem Tag, zu dem Zeitpunkt und an dem Ort ein neues Jackett kaufen müssen?

*

So habe ich mein Ende gefunden, und schon bald wurde mir klar, dass auch mein alter Freund Jan Janssen nicht mit heiler Haut davongekommen war. Noch am selben Abend wurde er verhaftet. Nahezu unmittelbar, nachdem das Leben in der Stadt erstarrt war und überall Checkpoints errichtet wurden, hatten sie ihn am Wickel. Wer *sie* waren? Polizei, Geheimdienst, die Armee und vielleicht noch ein paar weitere offizielle Stellen. Wie ich dahinterkam? Ich könnte es nicht sagen. Wirklich nicht. Es passierte einfach. Irgendwann wusste ich es.

Abgesehen von meinem Erstaunen darüber, dass mich diese Nachricht wie von selbst erreichte, ohne dass ich irgendetwas dafür hatte tun müssen, war ich vor allem entsetzt. Jans Verhaftung war unnötig. Das fand ich damals, und das finde ich noch immer. Er hatte nichts mit dem Anschlag zu schaffen, der mich das Leben gekostet hat. Hier einen Zusammenhang zu vermuten, ist bizarr, aber dennoch wurde die Verbindung gelegt. Als mir das erst einmal klar wurde und ich begriff, dass man ihn tatsächlich verdächtigte, wusste ich, dass ich seine Geschichte erzählen musste. Fragen Sie mich nicht warum, aber ich musste die Sache geraderücken. Um es ganz klar zu sagen und jedes Missverständnis von vornherein auszuräumen: Was ich hier geraderücken werde, ist nicht von mir, sondern von anderen schief in die Welt gesetzt worden.

KIRMES AN DER AMSTEL

Jan und ich kennen uns von unserer Zeit auf der weiterführenden Schule. Seither ist er ein Teil meines Lebens, und ich bin ein Teil seines Lebens. Und davon, das heißt von seinem und von meinem Leben, will ich erzählen. Ein Glücksfall meines derzeitigen Zustands ist es, dass ich in seine Seele schauen kann. Ich muss mich nicht auf das Äußere beschränken oder das, was er irgendwann einmal gesagt hat. Zu meinem nicht geringen Erstaunen kann ich einfach so in seinen Kopf kriechen. Nicht nur in seinen jetzigen Kopf, sondern auch in den aus der Vergangenheit. Denn Zeit ist keineswegs so, wie ich sie mir zu Lebzeiten vorgestellt habe. Zeit ist vielmehr flexibel und geschmeidig wie Wasser – solange man zumindest in seinem Abschnitt des Schwimmbads bleibt, denn im nächsten Abschnitt gelten wieder andere Regeln. Aber die habe ich noch nicht durchschaut.

Wäre ich nicht ums Leben gekommen, hätte ich nie so detailliert über Jans Leidensweg berichten können. Ich benutze das Wort «Leidensweg» bewusst: Die verstopften Straßen und die Menschenmassen, die sich über die Bürgersteige wälzen, waren nur der Beginn all seines Ärgers, der noch kommen sollte – für jedermann und jeden Tag aufs Neue. Denn wenn der Amsterdamer seine Einkäufe tätigt, sich durch den Ozean aus Touristen und anderen Tagesausflüglern gekämpft hat und zu guter Letzt in seinem Supermarkt angelangt ist, muss er feststellen, dass die Meute auch heute wieder einmal schneller war. Das Regal mit der beliebten Schokoladenmarke, bekannt für ihre ungewöhnlichen Geschmackskombinationen: leer, ratzekahl leer, nichts mehr da. Irgendjemand aus einem fernen Land muss in den sozialen Medien ein Loblied auf die hippen Schokoriegel abgesetzt haben. Und wie die Heuschrecken kommen sie dann aus allen Himmelsrichtungen angeflogen und fallen darüber her, so dass der Vorrat im Nullkommanichts ausverkauft ist. Dafür brauchen sie nicht mal eine halbe Stunde. Dann eben Obst: Lose Äpfel gibt es genug, bei Birnen ist es dasselbe. Aber Obst, das man nicht schälen muss, um es zu essen – davon kann man gar nicht genug in die Obst- und Gemüseabteilung schleppen. Keine einzige Erdbeere, Weintraube, Blau-, Brom- oder Himbeere, ja nicht einmal eine Banane ist mehr zu finden. Die Fertigsalate – alles weg. Denn man braucht, um all dies zu verputzen, keinen Teller, höchstens mal eine Gabel. Da reicht sogar eine Plastikgabel – und nimmt nicht jeder heimlich ein bisschen Wegwerfgeschirr aus dem Flieger mit? Oder, um genau zu sein: aus dem Flugzeug einer viel zu billigen Billigfluglinie.

Irgendwann einmal hatte Jan den Leiter des Supermarkts darauf angesprochen und ihn gefragt, warum er, damit die Leute aus dem Viertel nicht jedes Mal ins Leere greifen, wenn sie einen Salat oder etwas weiches Obst einkaufen wollen, nicht ein wenig mehr von seinen doch so offenkundig beliebten Produkten bereitstelle. Der Mann sah ihn an, als hätte er schon seit Jahren auf diese Frage gewartet und sei nun endlich auf jemanden gestoßen, der seine Version der Geschichte hören wolle.

«Ja, das ist nicht so einfach. Manchmal kommen ganze Völkerscharen, um Salate oder Obst zu kaufen, und manchmal habe ich tagelang keinen einzigen Touristen im Laden. Dann tummeln sie sich offenbar in anderen Teilen des Zentrums.»

Jan nickte.

«Es ist, als ob der Teufel dabei seine Hände im Spiel hätte … Ich kann es einfach nicht vorhersagen. Bestelle ich normale Mengen, ist der Vorrat im Nu weg. Kaufe ich etwas mehr ein, kommen sie nicht, und ich stehe ein paar Tage später mit schwarz angelaufenen Himbeeren oder verwelktem Salat da. Denn, wissen Sie, auch in der Kühlung ist das Zeug nur begrenzt haltbar.»

Allmählich beschlich Jan das Gefühl, dass der Supermarktleiter noch eine ganze Weile über seine Heimsuchung reden könnte, doch dafür hatte der Familienvater keine Zeit. Er hatte Maya versprochen zu kochen.

«Das verstehe ich», sagte er deshalb. «Vielen Dank für die Auskunft.»

«Gern geschehen. Noch einen schönen Tag», sagte der Filialleiter mit einem deutlichen Unterton von Enttäuschung in der Stimme.

*

Die Stadtverwaltung hat vor noch nicht allzu langer Zeit den Tourismus als einen wichtigen Wirtschaftsfaktor erkannt, der für viele Arbeitsplätze sorgen würde. Die Zukunft der Stadt! Keine schmutzige Industrie, kein Gestank, keine giftigen Dämpfe, keine Gefahr für die Gesundheit der Bevölkerung, sondern einzig Arbeitsplätze, Arbeitsplätze und noch mal Arbeitsplätze. Vorteile über Vorteile also. Mittlerweile sieht unser Amsterdamer Familienvater im Supermarkt allerdings nur noch leere Regale und befürchtet, dass die Heuschrecken ihm für immer und ewig einen Schritt voraus sein werden. Als er eines Abends etwas niedergeschlagen vom Einkauf nach Hause kommt, sieht er auf der Freitreppe vor seiner Eingangstür einen Jungen und ein Mädchen einen Fertigsalat verspeisen, und zwar genau den Salat, den er selbst auf seinem Einkaufszettel stehen hatte, der aber auch heute wieder einmal ausverkauft war.

«Haut ab! Ich habe euch nicht eingeladen!», ruft er ihnen zu.

Sie sehen ihn verständnislos an, denn sie verstehen kein Niederländisch, aber als er Anstalten macht, die steinerne Treppe hinaufzusteigen, wird ihnen klar, mit wem sie es zu tun haben, und sie machen sich schnell davon. Während sie, halb gehend, halb rennend, binnen kürzester Zeit außer Sichtweite sind, sieht Jan, dass sie ihre Flasche Mineralwasser vergessen haben. Auf der mittleren Treppenstufe liegen ein paar Salatblätter und ein Stück der Gurke, die der Junge soeben noch in der Hand hielt. Gerade diese kleinen Dinge, diese winzigen Zeichen dessen, was sie in all ihrer Unschuld getan haben, erweichen jetzt sein Herz. Nun empfindet er Mitleid und hätte sie am liebsten zurückgerufen, wenn sie nicht schon verschwunden wären. Ihm ist klar, dass sie die Stadt besuchen wollen, er versteht sogar, dass sie in großer Zahl kommen. Alle wollen sie Amsterdam sehen. Dass Jan sich in seiner Geburtsstadt nicht mehr zu Hause fühlt, ist nicht ihre Schuld, sondern die des Bürgermeisters und seiner Beigeordneten, die alles erlauben und immer nur wegschauen.

Der Familienvater ist davon überzeugt, dass die Stadtverwaltung ihre Einwohner nicht ernst und in keiner Weise für voll nimmt, ja sogar die Ansicht vertritt, dass man ihnen jeden Bären aufbinden kann. Das ist seltsam oder zumindest arrogant, denn jeder kann sehen, dass die Geschichte der Verwaltung nicht stimmt. Die Touristen geben kaum Geld aus. Der Wohlstand, die Ankurbelung der Wirtschaft, die Arbeitsplätze – es ist ein Trugbild: Kein Amsterdamer profitiert vom Tourismus, einmal abgesehen von den Aktionären des Supermarktkonzerns, der die Fertigsalate verkauft.

*

Der Strom an Touristen, Tagesausflüglern, Einkaufsbummlern, christlichen Landfrauen – er reißt nicht ab. Sie sind jeden Tag da, Woche um Woche und Monat um Monat, das ganze Jahr hindurch. Die Stadt ist vogelfrei, es gibt keine Geheimnisse mehr, keine Rückzugsmöglichkeiten, keine Orte, an denen sich nur die lokale Bevölkerung trifft. Alles von Wert ist verletzlich, schrieb einmal ein Dichter, und das ist inzwischen ein Understatement: Alles von Wert wird niedergetrampelt, von so vielen Augen betrachtet, dass es unsichtbar wird. Der Tourismus ist ein Parasit, der sich von dem ernährt, was langsam, Stück für Stück, aufgebaut worden ist: vom mittelalterlichen Straßennetz, den Grachtenhäusern aus dem siebzehnten Jahrhundert, alten Kathedralen, den Lagerhäusern am Wasser, den letzten zwei noch erhaltenen Holzhäusern, den stillen Gassen und den *hofjes* im Jordaan. Alles wird vernutzt, mit Haut und

Haaren verschlungen, in einem Zeitraum von wenigen Jahrzehnten dem Verderben preisgegeben.

Wie man hört, ist eine große Gruppe Reisender zunächst und vor allem auf der Suche nach authentischen Erfahrungen: Sie wollen der örtlichen Bevölkerung so nahe wie möglich auf den Pelz rücken – der damit allerdings in keiner Weise gedient ist. Der gelernte Amsterdamer möchte in Ruhe gelassen werden, sein alltägliches Leben leben, ohne dass ihm dabei jemand in die Quere kommt. Vielleicht gibt es da eine Ausnahme, nämlich attraktives Jungvolk aus der Fremde, das intime Bekanntschaft mit den ebenso jungen Vertretern der Eingeborenenschaft machen möchte. Ihr Berichterstatter aus dem Jenseits hat gelernt, dass insbesondere hochgewachsene blonde Männer in heiratsfähigem Alter einen ausgesprochen guten Ruf bei Mädchen und jungen Frauen aus Italien, Griechenland, Portugal, Japan und anderen asiatischen Länder genießen.

Übrigens kann ich selbst in aller Ehrlichkeit erklären, dass ich mich nie mit Touristinnen eingelassen habe. Ich war einfach viel zu beschäftigt mit meinem eigenen Kreis aus Freundinnen – und natürlich mit den Müttern meiner Klavierschüler. Über die letzte Kategorie gleich noch etwas mehr, vorab nur dies: Schöne, wohlhabende, aber auch unglücklich verheiratete Frauen greifen für Nebentätigkeiten nur selten auf die Dienste des Golf- oder Tennislehrers und schon gar nicht auf die des sprichwörtlichen Gärtners oder *pool boys* zurück. Viel zu nah am eigenen Herd und nicht glamourös genug. Nein, es ist der Klavierlehrer des Töchterleins oder Sohnemanns, der die körperlichen Hand- und Spanndienste verrichten darf, denn ihn umgibt die Aura kulturellen, ästhetischen und fast physischen Genusses. Musik verführt den Körper dazu, sich zu bewegen, vom sanften Wiegen der Hände des Dirigenten bis hin zum Tanz auf einen Popsong. Musik ist erhaben und irdisch zugleich. Genau wie Sex.

Es fällt mir leicht, das kann ich hier in aller Bescheidenheit einräumen. Eigentlich brauche ich nur den Klavierlöwen zu spielen, und wenn es *etwas* gibt, das ich mag, dann ist es die Rolle des Klavierlöwen. Ich finde das ein hübsches Wort, noch immer. Vor vielen Jahren hörte ich das Wort zum ersten Mal: Mein Klavierlehrer, ein alter Mann, der nahezu auf Anhieb einen vortrefflichen Musiker in mir sah, erwähnte es während seiner allerersten Stunde bei mir. Damals war «Klavierlöwe» schon ein aus der Mode geratenes Wort, es gehörte zu den Klaviervirtuosen der Vorkriegszeit. Hin und wieder bezeichnete er mich sogar als einen «künftigen Maestro». Als würden wir noch im neunzehnten Jahrhundert leben. Auch das fand ich wunderbar.

Die Mütter finden es ebenfalls wunderbar. Sie schauen fasziniert zu, wenn ich mich als musikalisches Genie ausgebe und langsam, aber sicher den gesamten Raum ausfülle. Je toller ich es dabei treibe, umso erregter werden sie, vor allem diejenigen in den teuersten Häusern am Platz. Mit etwas Phantasie könnte man einen linearen Zusammenhang vermuten: je schöner die Behausung, desto größer die erotische Gier. Fragen Sie mich nicht, warum – aber es ist so. Ich habe auch schon mal gedacht: Je geringer das Talent des Schülers oder der Schülerin, desto größer die Wuschigkeit der Mutter – doch diese Korrelation ist weniger ausgeprägt als der Zusammenhang zwischen dem Wert der Immobilie und der sexuellen Not ihrer Bewohnerin.

Den schönen, aber unglücklichen Frauen pflegte ich stets zu sagen, dass Musik eine exquisite Vorspeise sei, und fast alle begriffen sofort, worin dann das eigentliche Hauptgericht bestehen würde. Manche erstarrten in nicht einmal dem Bruchteil einer Sekunde, entschuldigten sich und rannten aus dem Zimmer. Die ließen sich nicht mehr blicken, und ihnen brauchte ich, abgesehen von den obligatorischen Höflichkeiten, keine Aufmerksamkeit mehr zu widmen. Andere aber blieben nach meiner kleinen kulinarischen Bemerkung in der Nähe. Während ich versuchte, dem Nachwuchs die Grundlagen des Klavierspiels beizubringen, schaute ich ihnen von Zeit zu Zeit lange und tief in die Augen. Mehrere Jahrzehnte Erfahrung trügen nicht: Ich wusste, dass sie sich früher oder später vor mir ausziehen würden, auch wenn es ihnen jetzt noch nicht bewusst war. Aber das machte nichts. Die Entscheidung war bereits gefallen. Ihre nervöse Erregung elektrisierte die Luft um uns herum.

*

Doch zurück zu dem endlosen Touristenstrom. Damit fing schließlich alles an. Einzig und allein durch das Gesetz der großen Zahl konnte es geschehen, dass ein gutes, aber auch etwas farbloses Restaurant, das vor allem von seinen bescheidenen Preisen lebte, plötzlich weltberühmt wurde. So etwas funktioniert folgendermaßen: Jeder begeisterte Tourist steht für mindestens vier Fotos auf Instagram oder Facebook, die von einem authentischen kulinarischen Erlebnis in Gesellschaft der einheimischen Bevölkerung künden. Manche dieser touristischen Updates bekommen Dutzende, Hunderte, manchmal sogar Tausende von Likes. So auch ein paar Fotos des guten, wenngleich, wie gesagt, etwas farblosen Restaurants.

Von dem Moment an, in dem das Etablissement ins Visier der weltweit agierenden Touristen geraten ist, wird es Abend für Abend von mehr als hundert neuen Gästen heimgesucht. So konnte es dann auch passieren, dass Jan und Maurice, ein anderer alter Freund unseres Familienvaters, an einem gewöhnlichen Dienstagabend gutgelaunt zu ihrem Lieblingslokal spazierten, um eine schnelle, nicht allzu teure Mahlzeit zu sich zu nehmen, und zu ihrer maßlosen Verwunderung ein aus allen Nähten platzendes Restaurant nebst überfüllter Terrasse vorfanden. In all den Jahren, in denen sie dort gegessen hatten, war es noch nie vorgekommen, dass sie an der Bar warten mussten. Dort, wo einen Monat zuvor noch gut die Hälfte der Tische verwaist im Raum gestanden hatten, saßen die Gäste nun Seite an Seite und Rücken an Rücken. Erst nach einer Viertelstunde wurde neben den Toiletten ein Tisch frei. Die beiden Männer nahmen Platz, und sofort stieg ihnen eine unangenehme Duftwolke mit einer Kopfnote aus Urin und WC-Reiniger in die Nase.

Allein schon in seiner unmittelbaren Umgebung fing Jan so ziemlich jede ihm bekannte germanische oder skandinavische Sprache auf. In einiger Entfernung saß eine besonders lautstarke Gruppe Chinesen oder Koreaner. War es hier vor einem Monat noch wohltuend ruhig gewesen, wankten nun erschöpfte Serviererinnen wie Zombies hin und her. Niemand, der an ihren Tisch kam, nicht einmal, um ihnen die Speisekarte zu bringen oder zu fragen, was sie trinken wollten. Jan und Maurice blieben unbemerkt. Allenfalls lautes Rufen hätte noch etwas bewirken können, aber das, meinten sie einmütig, gehe nun doch zu weit.

«Das Küchenpersonal ist zweifellos ebenfalls total durch den Wind», sagte Jan, «und überhaupt nicht mehr in der Lage, noch was Anständiges auf den Tisch zu bringen.»

«Da bin ich ganz deiner Meinung, Jan, aber musst du wirklich diesen furchtbaren Ausdruck benutzen? ‹Durch den Wind› ist ein Germanismus, der, wenn ich mich nicht täusche, so etwas wie ‹völlig aus der Fassung› bedeutet, übrigens eine ausgezeichnete Alternative für diese komische niederdeutsche Redewendung», bemerkte Maurice, ein für mein Empfinden ziemlich pedantischer Sprachpurist.

Jan zuckte mit den Achseln, behauptete, dass der Ausdruck ursprünglich aus dem Seglerjargon stamme, und verwies auf das Manöver des «Über-Stag-Gehens», also des Wendens auf dem Wasser, das eine derart große Kraftanstrengung erfordere, dass die Besatzung anschließend völlig erschöpft, fast apathisch sei, eben «total durch den Wind». Nicht nur Maurice, sondern auch ich hatte mir diese Erklärung mehr als einmal anhören müssen, und ich wunderte mich jedes Mal wieder darüber, denn Jan war alles andere als ein leidenschaftlicher Segler. Er ging gern einmal mit jemandem segeln, doch sich selbst ein Boot anschaffen oder auch nur für ein paar Stunden am Nachmittag mieten? Nein, bei einer solchen Idee habe ich ihn nie ertappt.

«Aber gut, was machen wir jetzt? Bleiben wir hier sitzen, oder suchen wir uns ein anderes Restaurant? Sollen wir über Stag gehen?», fragte Jan mit einem hinterhältigen Schmunzeln.

Maurice kniff die Augen ein wenig zu, sichtlich verärgert. Doch die Entscheidung, zu bleiben oder zu gehen, war nicht allzu schwer. Auf zu einem anderen Speiselokal schräg gegenüber, denn auch dort waren die Gerichte in Ordnung und die Preise moderat. Leider hatte aber auch dieses Restaurant, Jan erkannte es schon, bevor sie die Straße überquert hatten, in den sozialen Medien reüssiert, zweifellos in einer Glanzrolle, denn sonst wäre der Laden nicht so gerammelt voll gewesen. Diesmal beschlossen die beiden jedoch, nicht weiterzusuchen, denn mit ein bisschen Pech hatten sich die Horden aus den vier Himmelsrichtungen auch in allen weiteren Restaurants hier in der Gegend eingenistet.

Jan und Maurice gingen also zu einer entlegenen Ecke der Terrasse, nahmen an dem einzigen Tisch Platz, der noch frei war, und warteten. Und warteten. Und warteten weiter. Erst nach zehn Minuten bemerkte eine Kellnerin, dass die beiden Männer weder tranken noch etwas aßen und nicht einmal eine Speisekarte studierten. Die Frau näherte sich und versprach, rasch zurückkommen zu wollen. Sie hatte tiefe Falten im Gesicht, aber nicht, weil sie sich bereits dem Rentenalter näherte, denn dafür war sie noch viel zu jung. Die Falten seien der Fingerabdruck der barbarischen Hektik, die hier herrsche, meinte Jan in einem unerwartet poetischen Anfall. Maurice nickte.

Fünf Minuten später stand die Bedienung tatsächlich wieder an ihrem Tisch und fragte, was die Herrschaften trinken wollten. Sie hatte zwei Speisekarten mitgebracht. Jan sah sich die Liste der Pizzen und Nudelgerichte an, konnte jedoch die kleinen Buchstaben nicht entziffern und bestellte aus dem Kopf.

«Habe ich das richtig gesehen? Du konntest die Karte nicht lesen?», fragte Maurice, als die Kellnerin wieder gegangen war.

«Zu wenig Licht.»

«Du brauchst eine Lesebrille.»

«Damit warte ich noch ein bisschen», sagte Jan und starrte in die Ferne.

*

Der Familienvater und sein alter Freund bekamen ein Glas Bier, ohne Schaum und fast bis zum Rand gefüllt, wie in einem verranzten englischen Pub. Und sie bekamen ihre Pizza Hawaii und die Calzone – wenn auch nicht gleichzeitig: Es dauerte mehr als zehn Minuten, bis nach dem flachen Teigboden mit Schinken und Ananas endlich auch der zusammengefaltete Halbmond kam.

Als Jan eine halbe Stunde später hineinging, um zu bezahlen, sah er zu den jungen Männern und Frauen in der halboffenen Küche hinüber, wie sie Schulter an Schulter dastanden, gehetzt durcheinander liefen und einander ohne zu zögern zur Seite schoben. Als eine Schüssel aus rostfreiem Stahl mit viel Krach zu Boden knallte, fluchte die gesamte weiße Brigade, sogar die, die an einer anderen Arbeitsplatte standen. Jan beobachtete das alles aufmerksam und kam zu dem Schluss, dass der Arbeitsplatz selbst das eigentliche Problem war: Der Koch und seine Helfer verfügten über viel zu wenig Platz, um das überfüllte Restaurant in vertretbarer Zeit mit Speisen versorgen zu können. Das war der Flaschenhals. Ein weiteres Opfer der rastlosen Weltbevölkerung, der Billigflüge und der Hypes in den sozialen Medien, dachte Jan.

Schließlich konnte Amsterdam die Schockwellen des modernen Reisens nicht mehr bewältigen. Es war wie mit dem Wellengang in einer Badewanne: Wenn sich das Wasser erst einmal bewegt, ist es kaum noch zu stoppen, es klatscht gegen die Fliesen, schwappt über den Rand, und in kürzester Zeit haben alle nasse Füße. Vielleicht ist das ein krummer Vergleich, das ist mir durchaus klar, aber so sah Jan die Sache, und ich glaube, dass jeder in etwa versteht, was ihm dabei durch den Kopf ging.

Dass die Flutwelle eines schönen Tages eine kritische Masse erreichen und Amsterdam völlig überschwemmen würde, zeichnete sich schon seit geraumer Zeit ab – zumindest für den, der es sehen wollte. In der Stadt hatte es immer schon viel Verkehr gegeben, der aber nie in die Nähe der Schmerzgrenze gelangt war. Bis es mörderisch wurde: Autos, die in endlos langen Reihen vor einer Ampel stehen, Motorroller, die sich geradezu mit

Gewalt zwischen ihnen hindurchzwängen, Fahrradkuriere, die in Scharen über den Bürgersteig strampeln, ungeduldige Fußgänger, die in alle Richtungen gleichzeitig marschieren wollen. Und wenn die Ampel dann auf Grün springt, geht alles durch- und gegeneinander, die Autoschlange setzt sich in Bewegung, Fußgänger überqueren sofort die Fahrbahn, ununterbrochen schrillen die Klingeln der Straßenbahnen, Fahrradfahrer sind in einem solchen Tempo unterwegs, dass sie sogar die Mopeds überholen, Motorroller überqueren blindlings eine Kreuzung, Lastwagenfahrer blicken nicht einmal in den Spiegel.

«Verdammt, das ist hier ja schon fast wie in Italien», empörte sich Jan, als ihn eines Morgens ein verirrter Reisebus fast gestreift hätte und ihm vor Schreck den Atem nahm.

Die Straßenbahnen: dasselbe Lied, ebenfalls ein Drama. Seit Jahr und Tag ist es in Amsterdam üblich, hinten einzusteigen, um dann ein wenig nach vorn aufzurücken, wo sich meistens noch ein freier Sitzplatz findet. Die Amsterdamer hatten schon von Anbeginn ihre Mühe, das System zu begreifen, oder sie sind schlicht nicht bereit, sich irgendeiner Autorität zu beugen – ob es nun der liebe Gott, die Polizei oder ein Straßenbahnschaffner ist –, und bleiben meist irgendwo auf halbem Wege hängen. In mittlerweile längst vergangenen Zeiten griff dann das Straßenbahnpersonal rigoros ein und forderte die Passagiere unmissverständlich auf, weiterzugehen. In der Regel passierte beim ersten Mal nichts, auch nicht beim zweiten, doch beim dritten Mal setzte sich zumindest ein Teil der begriffsstutzigen Amsterdamer in Bewegung. An den seltenen Tagen, an denen auch dreimaliges Ausrufen keinen Effekt zeitigte, drohte der Straßenbahnfahrer oder Schaffner damit, nicht weiterzufahren, weil er niemanden an der Haltestelle stehen lassen wolle, obwohl es mehr als ausreichend Platz gebe.

Das war das gute alte Amsterdam, in dem es mühsam und zäh, aber immer zuverlässig und vor allem vorhersagbar zuging. Was damals noch funktionierte, funktioniert schon längst nicht mehr. Die meisten Touristen verstanden sowieso nicht, was man von ihnen wollte, oder konnten das Englisch des Straßenbahnschaffners nicht entschlüsseln. Schon bald ließ das Gros des Straßenbahnpersonals jede Hoffnung fahren, nur einige wenige hielten an der Gewohnheit fest, in mehreren Sprachen auszurufen, wie man sich zu verhalten habe. Unser Familienvater hatte da längst sein Vertrauen in den Mitmenschen aus der Fremde verloren.

Schon vor vielen Jahren war es Jan aufgefallen, dass er morgens auf dem Weg zur Arbeit der einzige Vertreter der lokalen Bevölkerung in einer Straßenbahn voller Touristen war. Standen ihm einmal nicht die Amerikaner im Weg, stellte mit Sicherheit eine Gruppe Deutscher, Franzosen, Spanier oder Italiener mit ihren Kabinenkoffern eine kaum zu nehmende Hürde dar. Alle waren sie in Urlaubsstimmung und unterhielten sich fröhlich in sämtlichen Sprachen der Welt, während Jan schon mal ein paar Akten durchzuarbeiten versuchte. Das war im Sommer, damals kam die Plage nur im Sommer über die Stadt, doch inzwischen waren die Straßenbahnen immer – zu allen vier Jahreszeiten, jede Woche, jeden Tag und zu jeder Stunde – gerammelt voll mit Touristen und Tagesausflüglern. Kein Amsterdamer weit und breit, sie hatten mittlerweile allesamt eine Straßenbahnphobie, waren von den Fremden vergrault worden, die landestypische Snacks mit auf ihre Fahrten durch die Stadt nahmen. Es roch ständig nach Pommes frites, Frühlingsrollen, Fisch und Fertigsalaten der rustikaleren Sorte. Die Luft in der Straßenbahn war so dick und schneidend, dass Jan mitunter buchstäblich nach Sauerstoff schnappen musste, insbesondere an den paar Tagen im Jahr, an denen die Temperaturen tropische Werte erreichten und sich die Ausdünstungen mitgenommener Esswaren mit den Körpergerüchen aus allen Kontinenten dieser Welt vermischten.

Wie war er nur in diesem Ferienpark gelandet? Warum konnte Amsterdam keine normale Stadt mehr sein, mit Häusern, Büros und Fabriken? Wann war die Hauptstadt zu einer Dependance von Disney World geworden, einem hedonistischen Irrenhaus, in dem die Jugend aller Länder jede Sünde ausprobierte, die sie zu Hause nicht einmal beim Namen zu nennen wagte?

*

Volle Straßen, überfüllte Straßenbahnen, belebte Plätze: arme, arme Stadt – die gesamte Infrastruktur, dieses feinmaschige Muster, das Amsterdam zu Amsterdam machte, zum schönsten Dorf der Welt, war nicht für einen solchen Zustrom geschaffen.

Früher war alles anders. Das waren die Jahre, in denen sich meine Heimat noch nicht selbst aufgegeben hatte. Die Hauptstadt war ein Paradies aus Bruchbuden gewesen, eine Metropole aus Löchern. Spätabends waren die Straßen leer, das Wasser der Grachten stand schwarz und reglos zwischen den Häusern. Am Wochenende waren die Cafés gefüllt, und es herrschte rege Betriebsamkeit, in der Woche war es dagegen dort eher still mit nur wenigen Gästen. Dennoch blieb der Wirt auf seinem Posten.

Die Stadt an der Amstel hatte einen äußerst schlechten Ruf, und der Rest der Niederlande wagte sich lieber nicht hinein: keine Tagesausflügler, keine Sonntagsshopper aus der Provinz. Hausbesetzer, Straßenhändler und Taschendiebe hatten das Sagen. In manche Viertel traute sich die Polizei nicht mehr hinein, dort waren die Anarchos die Herren. Jeder Vertreter der Staatsmacht wurde sofort verjagt, höchstens die Mobile Einheit der Polizei hatte eine Chance, die Oberhand zu erringen. In diesen Gegenden war ein Teil der Häuser vernagelt, und ein noch größerer Teil wurde mit dicken Baumstämmen abgestützt, um sie vor dem sofortigen Einsturz zu bewahren.

Damals spielte niemand mit dem Gedanken, sein Wichtelmännchendorf gegen das Sodom und Gomorrha der Niederen Lande einzutauschen, doch inzwischen lassen sich all die Immobilien gut verkaufen, weiterverkaufen, entkernen, wiederaufbauen, mit allem möglichen Luxus ausstatten und anschließend für viel Geld vermieten, veräußern, verschachern. Denn heute wollen alle hier wohnen. Jeder Quadratmeter ist Gold wert.

Die Stadt ist zur Partymeile geworden. Irgendwann einmal gab es tief in der Organisation der Stadtverwaltung den Plan, in den Sommermonaten einen der ältesten Parks der Stadt in ein Festivalgelände zu verwandeln. Das hätte bedeutet, ihn für die Anwohner unzugänglich zu machen, von denen aber natürlich schon erwartet wurde, die Lärmbelästigung zu ertragen. Ohne zu murren, das versteht sich. Und natürlich standen keine zarten Klaviersonaten auf dem geplanten Festivalprogramm. War das schon alles? Nein, denn eines der großen städtischen Krankenhäuser befindet sich in der Nähe dieses Parks, so dass nicht nur der kerngesunde Anwohner ungefragt mit ohrenbetäubenden Klängen gegeißelt würde, sondern auch die Kranken, die frisch Operierten und Amputierten, die Lahmen, die Blinden, die zu Tode Erschöpften und die Sterbenden.

Nun geht bekanntermaßen von allen Sinnesorganen das Gehör als Letztes in den Schlafmodus: Der sterbende Patient sollte seine finalen Stunden auf Erden also in einem Sturm aus Humptata-Musik erleben dürfen. Die Frage, die sich folglich stellte: Wie kann man jemandem, der von den Ärzten aufgegeben wurde, so klar und so deutlich wie möglich zu verstehen geben, dass seine Existenz keinerlei Wert mehr hat und die Welt einfach mit dem weitermachen wird, womit die Welt ohnehin schon beschäftigt ist? Wenn das die Frage war, hatte die Stadtverwaltung die Antwort schon parat: Während im Krankenhaus eine Welt im Nebel aus Schmerz- und Schlafmitteln versinkt, dreht sich auf der gegenüberliegenden Straßenseite alles um Ecstasy, Fassbier und schnellen Sex. Nun habe ich, das muss ich hier in aller Ehrlichkeit gestehen, tatsächlich nie etwas gegen schnellen Sex gehabt, mehr noch, ich habe es ein Leben lang nicht anders gehalten, doch sogar ich finde, dass dieses bunte Treiben dort nichts verloren hat, wo es um Leben und Tod geht, denn dann wird es schnell ziemlich ungemütlich.

*

Zurück zum alten Amsterdam. Wer weiß noch, dass große Teile der Stadt unwiderruflich versanken, weil die Fundamente langsam, aber sicher den Dienst versagten? Das war lange bevor die Stadtverwaltung beschlossen hatte, dass nun, da die Stadt völlig unerwartet zu einem glänzenden kommerziellen Erfolg geworden war, alles anders werden sollte und jeder Amsterdamer, der es eher nicht so dicke hatte, auf der Stelle der touristischen Sturmflut, den Airbnb-Nomaden, und, nicht zu vergessen, den Expats Platz zu machen hatte. So wie denen, die jetzt so pontifikal in Jans Viertel wohnten.

Die Stadt tat alles, um es den Neuankömmlingen so angenehm wie möglich zu machen. Sie konnten sich die schönsten Häuser aussuchen, es wurden ganze Stapel an Hochglanzbroschüren ausschließlich für sie erstellt, und auch der Staat trug mit einem großzügigen steuerlichen Arrangement sein Scherflein dazu bei. Fast unbemerkt war Amsterdam wieder zu einem internationalen Sehnsuchtsort geworden, so wie in den Sechzigerjahren, als Hippies aus aller Herren Länder zum Dam und in den Vondelpark zogen, um dort unter freiem Himmel zu schlafen, ohne dass sie auch nur ansatzweise erklären konnten, warum das so wichtig war.

Früher wäre so ein Strom aus Touristen, Airbnb-Nomaden und Expats undenkbar gewesen. Nicht, dass damals alles so toll war. Es war eine träge Zeit, ohne Frage. Die Stadt lag unter einer Decke aus Melancholie, physischem Verfall und einer möglicherweise noch dunkleren Zukunft. Und doch waren alle zufrieden, einfach bloß glücklich in ihren Sozialwohnungen. Außerdem gab es immer wieder Lichtblicke. Im Mai, wenn ganz Amsterdam erwachte und die Sonne uns wie eh und je ins Gesicht schien, kamen hier und da ein paar Touristen in die Stadt, vor allem junge italienische Frauen mit Rucksack, manchmal mit ihrem Freund, doch meist in Gesellschaft einiger oder sogar einer ganzen Menge Freundinnen. Ihre Ankunft markierte das definitive Ende des langen, kalten Winters. Sie verursachten keine Probleme, sorgten nicht für Verkehrsstaus, sondern brachten höchstens einen Schuss mediterranen Flairs in die Stadt. Mitte September verschwanden sie dann wieder.

Jan hatte zweimal eine sommerliche Affäre mit einer Dame aus einem fernen europäischen Land gehabt. Eine von ihnen besuchte er sogar ein paar Monate später an ihrem Wohnort irgendwo im Osten Griechenlands. Auf der Rückreise begegnete unser Familienvater dann seiner großen Liebe, einer blutjungen Studentin aus Leiden, die im Flugzeug neben ihm saß. Sie hatte ein paar Monate lang ein Praktikum in jenem Land gemacht, in dem er sich gerade Tagen mit hemmungslosem Sex hingegeben hatte. Jan gelang es nicht mehr, noch irgendetwas zu lesen, ebenso wenig, sich den Hollywoodstreifen auf dem Bildschirm vorn im Flugzeug anzuschauen. Er hatte zu nichts mehr Lust, er war todmüde. Um sich die Langeweile zu vertreiben, ließ er eine Münze über seine Fingerknochen kippen: hin und her, vom Daumen bis zum kleinen Finger und wieder zurück, hin und her. Er tat es achtlos, schien die kleine, glänzende griechische Münze nicht einmal zu beachten, als hätte das, was seine Hand tat, nichts mit ihm zu tun.

Aus den Augenwinkeln heraus sah er, dass das Mädchen ihn bei seiner Fingerübung fasziniert beobachtete. Er hatte sie schon auf dem Flughafen in Athen bemerkt, wo er nach einem kurzen Inlandsflug in das Flugzeug nach Amsterdam umsteigen musste. Sie war schön, sehr schön, aber sie schien noch reichlich jung zu sein, Anfang zwanzig, höchstens, vielleicht sogar noch jünger. Gleichzeitig wirkte sie ziemlich erwachsen für ihr Alter: Während er gelangweilt dasaß und wartete, bis sie an Bord gehen konnten, hatte sie ihm mehrmals provozierend in die Augen geschaut, dabei wie eine professionelle Verführerin ihren Körper leicht hin- und hergewiegt.

Und nun saß sie also neben ihm. Das war ein glücklicher Zufall, ein besonders glücklicher Zufall. Allerdings war er zu müde, um sie anzusprechen. Ihm fiel nichts ein. Jan kam sich wie ein Trottel vor, weil er nicht die Initiative ergriff, doch schon bald zeigte sich, dass er sich darüber keine Sorgen zu machen brauchte. Ohne zu zögern begann sie selbst mit der Ouvertüre.

«Spielst du immer mit einer Münze? Oder nur im Flugzeug?»

«Nur, wenn ich mich langweile.»

«Dann langweilst du dich wohl ziemlich oft. Das ist deutlich. Du wirkst wie ein Profi. Machst du das wirklich nicht beruflich?»

«Nein, Übung macht den Meister. Glaube ich zumindest. Das ist alles. Aber um meinen Beruf daraus zu machen … wenn das überhaupt möglich wäre … Nein, ich bin Beamter, bei einer Gemeinde in der Nähe von Amsterdam.»

«Beamter? Das klingt ziemlich erwachsen und gesetzt.»

«Findest du?» Jan sah sie mit aufrichtiger Verwunderung an.

«Ja, eigentlich schon. Dann bist du sicher auch verheiratet. Alle Beamten sind verheiratet.»

«Nein, auch das nicht …»

Jan hatte das Gefühl, dass er immer noch nach seiner griechischen Affäre roch, und hielt seine Sitznachbarin deshalb lieber ein bisschen auf Abstand. Die Studentin kapitulierte aber nicht, und noch bevor sie durch den niederländischen Zoll waren, hatte sie ihn bereits kurzentschlossen umarmt. Und sie hatte ihm das feierliche Versprechen abgenommen, sie im Laufe der Woche in Leiden zu besuchen und gemeinsam ein Glas Wein zu trinken. Jan fand ihren Charme einfach umwerfend und hatte, so überlegte er, ohnehin noch ein paar Tagen Urlaub, bevor er wieder an die Arbeit musste. Deshalb fuhr er denn auch gleich am nächsten Tag nach Leiden, um mit Maya, so hieß die Studentin, das versprochene Glas Wein zu genießen.

Es wurden mehrere Gläser Wein daraus, und Jan verpasste den letzten Zug sowie den ersten Zug tags darauf – wie auch jeden weiteren Zug in den beiden Tagen, die folgten. Danach hatte er mehr als genug von Leiden. Er fuhr zurück nach Amsterdam und sah aus dem Abteilfenster die Polderlandschaft an sich vorbeiziehen, studierte den Himmel, registrierte den beginnenden Herbst und fragte sich, ob dies nur eine kurze Affäre oder doch mehr gewesen war. Er war noch halb und halb mit den Gedanken bei seinem griechischen Abenteuer und wusste nicht so recht, was er von der Leidener Studentin halten sollte. War es damit getan, oder würde er sie noch einmal besuchen?

Am nächsten Tag musste Jan wieder zur Arbeit und dachte ununterbrochen darüber nach, was er in der zurückliegenden

Woche erlebt hatte und wie es jetzt weitergehen sollte – beziehungsweise ob es überhaupt weitergehen sollte. Am Tag danach grübelte Jan weiter, doch diese Mühe hätte er sich sparen können. Denn nur drei Tage nach seiner Abreise aus Leiden stand Maya vor seiner Tür in Amsterdam – und ging nicht mehr weg. Sie habe ihr Studium beinahe abgeschlossen, sagte sie, nur noch ein paar Fächer und ein paar letzte Prüfungen, wirklich, höchstens ein paar, mehr nicht. Und die könne sie eigentlich ebenso gut als Auswärtsstudentin von Amsterdam aus abhaken, meinte sie noch am selben Abend. Seine Wohnung am Molenpad – «Mühlenpfad», nach Ansicht Mayas übrigens ein merkwürdig ländlicher Name für eine kleine Straße im Zentrum der Hauptstadt, und damit hatte sie natürlich recht – war zwar klein, doch ihrer festen Überzeugung nach nicht zu klein für zwei Personen. Das sah Jan anders, aber er konnte ihr keinen Widerstand entgegensetzen. Sie war fast zehn Jahre jünger, schien aber um mindestens zwanzig Jahre weiser zu sein. Maya machte den Eindruck, genau zu wissen, was sie wollte und wie sie es ihm recht machen konnte. Im Nachhinein betrachtet könnte man sagen: Zu jenem Zeitpunkt war Jan sich dessen noch in keiner Weise bewusst, doch er war bereits auf dem besten Weg zur Rolle eines Familienvaters.

*

Wie gesagt, Jan und ich kennen uns von der weiterführenden Schule. Das ist nun auch schon wieder eine kleine Ewigkeit her, aber trotzdem kommt es mir so vor, als wenn es gestern wäre. Ich kam von einer kleinen Schule in einem Neubauviertel und sollte die nächsten sechs Jahre an einer ganz anderen Art von Institution verbringen, einer, die mitten im Zentrum lag. Bis dahin war mein Leben einfach gewesen. Ohne mich groß anstrengen zu müssen, hatte ich alle Tests, Referate und Zwischenprüfungen bestanden und gehörte, bei minimalem Arbeitseinsatz, stets zu den Klassenbesten. Das würde sich allerdings bald dramatisch ändern, sagten alle. Ich käme auf eine Schule, auf der nur Kinder wie ich landeten – das künftige Niveau würde um einiges höher liegen. Wenn ich nicht volle hundert Prozent Leistung ablieferte, könne es geschehen, dass ich irgendwo im Mittelfeld landen oder sogar, noch schlimmer, auf ein Niveau weit darunter absacken würde. Bis heute verstehe ich nicht, warum es fast jeder für nötig hielt, mir solche Standpauken zu halten. Spielte ich nicht Tag und Nacht Klavier? Widmete ich mich nicht voll und ganz der Musik? Dass ich Fächer wie Niederländisch, Rechnen, Erdkunde und Geschichte etwas weniger ernst nahm und ein bisschen schleifen ließ, müsste doch jedermann einleuchten. Fand ich zumindest.

Ende August ging ich zum ersten Mal in meine neue Schule. Es war noch kein regulärer Unterricht – der stand erst in der Woche danach auf dem Programm. Es handelte sich um einen Kennenlernnachmittag, der alles in allem ungefähr zwei Stunden dauerte: Der Rektor würde eine kleine Ansprache halten, und anschließend würden wir Orientierungsstufler in vier Klassen aufgeteilt, um unsere Vertrauenslehrer kennenzulernen. Das waren Lehrer, die uns das gesamte Schuljahr lang unter ihre Fittiche nahmen. Das schloss ich jedenfalls aus dem Brief, den mir meine Mutter zusteckte.

«Hast du verstanden, was da steht?»

«Ja, natürlich habe ich das verstanden.»

«Gut, Leo, sehr gut … Hör zu, ich kann nicht mitkommen, ich muss arbeiten. Soll ich Johan fragen, ob er dich bringt?»

«Das ist nicht nötig. Ich geh schon allein.»

«Nein, ich sehe es lieber, wenn du das erste Mal nicht allein gehst.»

Johan ist – oder war, ich weiß noch immer nicht, wie ich das am besten ausdrücken soll – mein drei Jahre älterer Bruder, der auf eine andere, bei weitem nicht so renommierte Schule ging, aber das interessierte mich noch weniger als ihn.

Eigentlich hatte Johan überhaupt keine Lust, mich zu meiner neuen Schule zu bringen, doch meine Mutter zwang ihn dazu, so wie sie mich zwang, mich von ihm begleiten zu lassen.

Also fuhren wir gemeinsam mit dem Bus zu dem monumentalen Gebäude mit den merkwürdig dünnen Eckpilastern, der riesigen Uhr aus Messing und schwarzem Metall, die hoch über dem Eingang hing, dem enormen Giebeldreieck auf dem Dachgesims, der Freitreppe vor dem Eingang und den schweren grünen Türen mit der weißen Schmiedearbeit. Das Gebäude hatte ich im Jahr davor schon beim Tag der offenen Tür gesehen, trotzdem war ich jetzt wieder beeindruckt. Ich erinnere mich, dass es im Innern des Gebäudes nach jahrhundertealter Bücherweisheit roch. In der Halle standen Büsten berühmter ehemaliger Schüler, und über dem Eingang, dort, wo das Deckengewölbe ansetzt, hatte ich Sätze gesehen, von denen ich bereits wusste, dass es Latein war. Aber diese Sätze konnte ich damals noch nicht lesen.

«Wir sind eine Dreiviertelstunde zu früh. Setz dich mal da hin», sagte Johan und zeigte auf die Freitreppe. «Ich kann nicht bleiben, ich muss weg.»

Kaum hatte er es gesagt, drehte er sich auch schon um. Ich war nicht besonders traurig darüber. Abgesehen von meinen Eltern war Johan meine ganze Familie, aber ich hatte keinerlei Beziehung zu ihm und war mir fast sicher, dass er das seinerseits nicht anders sah. Sein größtes oder sogar sein einziges Interesse galt dem Fußball, einem Sport, der mir – so wie eigentlich jede Sportart – höchstens ein Gähnen entlockte. Er wollte zu einem Trainingsspiel von ein paar älteren Freunden. Sie spielten in der ersten Mannschaft des Vereins, dem er schon seit seinem neunten Lebensjahr angehörte. Indem er mich viel zu früh zur Schule brachte, hoffte er, noch rechtzeitig vor dem Anpfiff am Spielfeldrand stehen zu können.

«Das ist okay, Johan, geh nur.»

In aller Ruhe ging ich auf die grünen Türen zu und spürte die wohltuende Wärme auf meinem Gesicht. Schon seit einigen Tagen hatten wir herrliches Wetter mit strahlendem Sonnenschein und einem makellos blauen Himmel. Meinem Vater zufolge stand uns ein wunderbarer Spätsommer bevor. Das spüre er. Meine Mutter sah ihn ein wenig ironisch an, als er das sagte, kommentierte es aber nicht. Dabei hatte er fast jedes Mal recht, wenn er den Wetterpropheten mimte. Er selbst erklärte das immer wieder mit seiner Abstammung: Sein Großvater und dessen Vorfahren waren Bauern gewesen. Der Vater meines Vaters hatte dann mit der Tradition gebrochen und war in die Stadt gezogen. Doch das bäuerliche Blut floss immer noch durch ihre Adern – das sagte er zumindest, wenn meine Mutter ihn wieder einmal skeptisch ansah.

*

Erst als ich schon beinahe am Eingang stand, fiel mir auf, dass jemand oben auf den Stufen der Steintreppe saß. Fast im selben Moment sah der Junge hoch, und ich blickte in ein Paar strahlendblaue Augen, ein Blau von solcher Intensität, wie ich es zuvor noch nie gesehen hatte. Einen Moment lang versank ich in diesem fast unwirklichen Azur, doch gleich darauf wurde meine Aufmerksamkeit von etwas anderem abgelenkt. In rasender Geschwindigkeit ließ er eine Münze über seine Finger gleiten: von seinem Daumen hin zum kleinen Finger und wieder zurück, ohne die andere Hand dabei zu Hilfe zu nehmen. Dieses Kunststück hatte er lange geübt, das merkte man sofort, und ich sah auch, wie gut er es beherrschte, wenngleich er, nachdem er mich einen kurzen Augenblick gemustert hatte, seine Aufmerksamkeit gleich wieder dem glänzenden Geldstück zuwandte. Trotz seines Könnens wagte er es nicht, die Zügel zu lockern. Und tatsächlich schien die Münze auf seiner Hand jetzt aus dem Takt zu geraten und stecken zu bleiben, doch im letzten Moment gelang es ihm, sie wieder in Bewegung zu setzen.

Die Gelenkigkeit, mit der seine Finger das Geldstück an seinem Platz hielten und es gleichzeitig vorantrieben, war beeindruckend. Ich betrachtete seinen Daumen und den kleinen Finger, legte eine imaginäre Messlatte dazwischen und dachte: Weißt du, in dir könnte sicher auch ein guter Musiker stecken. Denn eines der Dinge, die ich von meinem Lehrer gelernt hatte, war, dass sich das Talent eines Pianisten mindestens zur Hälfte an seinen Fingern ablesen lässt. Er war fasziniert von meinen Händen, schon gleich beim allerersten Mal.

«Wenn du willst, kannst du es weit bringen. Du wirst hart arbeiten müssen, aber wenn du dich wirklich anstrengst, kannst du ein ganz Großer werden», sagte er ein paar Monate später, als er sah, wie schnell ich gelernt hatte, das Instrument zu beherrschen.

Das fiel mir alles ein, während der Junge die Münze geschickt über seine Finger spielen ließ, dass es schien, als habe sie einen eigenen Willen und würde aus irgendeinem Grund von selbst vom Daumen zum kleinen Finger und von dort wieder zurück zum Daumen wandern.

«Hi! Wie findest du das? Soll ich es dir auch beibringen?»

«Ja», sagte ich, überrascht, doch vor allem erstaunt, dass es offenbar so einfach war, Kontakt zu knüpfen. An meiner alten Schule war das deutlich schwieriger gewesen.

*

Das war meine erste Begegnung mit Jan – von Anbeginn eine Freundschaft fürs Leben. Selbstverständlich war das übrigens nicht, denn wir sind – oder waren – uns überhaupt nicht ähnlich. Instinktiv ging er auf Nummer sicher: Immer wenn es etwas zu entscheiden gab, wählte er den sicheren Weg. Als wir uns entscheiden mussten, in welchen Fächern wir unsere Abschlussprüfung ablegen wollten, optierte er für die langweiligste Variante: Er wollte schließlich etwas studieren, womit sich gutes Geld verdienen ließ. Das lag mir vollkommen fern: Ich hatte nur eine Liebe, und die galt dem Klavier. Erst ganz allmählich entdeckte ich, dass ich auch eine Menge von Mädchen hielt, aber die konnte ruhig neben der Musik existieren. Das biss sich schließlich nicht, und ich hätte ja schlecht aus meiner zweiten Liebe meinen Beruf machen können. Ich wusste damals schon, dass manche Männer von ihren amourösen Fertigkeiten lebten, aber mir war eine Laufbahn als

Gigolo nie besonders erstrebenswert erschienen. Für mich gab es nur das Klavier, das Klavier und nochmals das Klavier. Sonst nichts.

Um ganz ehrlich zu sein: Im Grunde meines Herzens bin ich ein Romantiker. Und so sah ich einem Leben als Klavierlöwe entgegen. Also legte ich meine Abschlussprüfungen in Fächern ab, die etwas mit dem Klavier zu tun hatten, in Musik natürlich, aber auch in Kunst und Geschichte. Jan fand, dass ich meine Talente vergeudete. Mit größter Leichtigkeit holte ich ausgezeichnete Noten in Naturwissenschaften und Wirtschaftskunde, und das würde ich einfach wegwerfen, obwohl darin viel mehr Zukunft stecke. Da war ich völlig einer Meinung mit ihm, nur dass es nicht meine Zukunft war.

Auch als wir nach sechs Jahren die Schule verließen, um zu studieren, folgten wir dem vertrauten Schema: Ich wurde am Konservatorium angenommen, und Jan begann ein paar Straßen weiter irgendetwas mit Wirtschaft, Jura und Verwaltungswissenschaft zu studieren. Zu meiner Schande muss ich gestehen, dass ich mir nie merken konnte, wie dieser Studiengang genau hieß; ich wusste lediglich, dass er die Möglichkeit zu einer imposanten Reihe von Berufen eröffnete, die ich nie im Leben ausüben möchte. Jan sah das natürlich anders. Ihm zufolge konnte die Sache nicht mehr schiefgehen: Es gab eine große Nachfrage nach Leuten mit seinem Hintergrund. So waren wir beide zufrieden.

Nach dem Studium fand Jan eine Anstellung als kommunaler Beamter. Die Stelle passte ihm wie angegossen. Ich wurde freiberuflicher Klavierlehrer, und das passte mir wiederum wie angegossen. Außenstehende haben sich oft über unsere Freundschaft gewundert, und auch ich habe sie nie recht erklären können, aber die Beziehung zwischen uns war echt, fest und tief – fester und tiefer, als ich sie, mit Ausnahme von höchstens einer oder zwei Liebesaffären, jemals mit einer Frau erlebt habe.

*

Nun hatte Jan zwar eine Stelle fürs Leben, doch mit der Damenwelt lief es bei ihm nicht so gut. Hin und wieder hatte er zwar eine Freundin, doch das hielt selten länger als ein Jahr, oft sogar bedeutend kürzer. Ich wunderte mich ein wenig darüber, denn Jan war keiner, der mit Frauen spielte. Zweimal hatte er eine Affäre mit einer Touristin, und das mag vielleicht abenteuerlich erscheinen, relativiert sich aber, wenn ich hinzufüge, dass sich das Ganze in einem Zeitraum von mehr als fünf Jahren abspielte – dafür brauchte ich, um einen Vergleich zu bieten, nicht einmal einen Monat. Ein Leben als Casanova hat meinen alten Freund nie gereizt. Jan ist eine solide Person. So viel ist klar.

Als Maya bei ihm vor der Tür stand und nicht willens schien, irgendwann einmal die Heimreise anzutreten, ließ Jan es geschehen. Offenbar konnte er sich nicht gegen ihre Verführungskünste wehren, oder vielleicht war sie auch genau das, wonach er all die Zeit über gesucht hatte. Schlussendlich sollte es noch Jahre dauern, bis sie mit dem Studium fertig war, doch das machte ihm nichts aus. Er war froh, dass es Maya gab: Jedes Mal, wenn er früh am Abend von der Arbeit kam, vermittelte sie ihm das Gefühl, ein Zuhause zu haben, ein echtes Zuhause. Ab und zu fragte er mich, ob ich so etwas nicht vermisste. Ich wohnte allein, eigentlich habe ich, ein Intermezzo von etwas mehr als einem Jahr ausgenommen, immer allein gewohnt.

Das Einzige, was Jan zufolge nicht stimmte, war seine Wohnung im Molenpad: viel zu klein für zwei Personen. Das, fand er, müsse sich dringend ändern. Eine größere und bezahlbare Mietwohnung saß vorläufig nicht drin, danach hätte er noch Jahre suchen müssen. Die einzig realistische Option bestand also darin, etwas zu kaufen. Jan zweifelte kurz, doch schließlich entschied er, dass ihm sein neues Leben ausreichend Sicherheit böte, und außerdem waren die Häuser nicht so horrend teuer. Der Zinssatz war es dagegen schon, der war sogar bizarr hoch, so dass die monatliche Belastung beträchtlich wäre. Aber mit seinem doch sehr ordentlichen Gehalt konnte er es sich leisten.

Deshalb kaufte er, nicht einmal ein Jahr, nachdem er Maya kennengelernt hatte, ein Haus im Weteringviertel, und schon bald hing er mit Haut und Haaren an dem etwas versteckten Stadtteil knapp außerhalb des Grachtengürtels. Jedes Mal, wenn ich mit ihm durch eine der schmalen Straßen spazierte, hatte ich das Gefühl, dass sich die Bewohner hier alle kannten. Vielleicht war es sogar tatsächlich so, Jan grüßte zumindest fast jeden, der uns begegnete. An der Kreuzung, genau in der Mitte des Viertels, befand sich die einzige Kneipe, die Jan halb spöttisch, halb zärtlich «das Dorfhaus» nannte. Alle Gäste schienen hier die besten Freunde des Wirts zu sein, jedenfalls benahmen sie sich so. An Sommerabenden saßen wir oft auf der Holzbank vor dem Etablissement, tranken ein Bierchen oder ein Glas Wein, blickten auf die jahrhundertealten Häuser um uns herum und sahen den Bewohnern hinterher, die ihre Hunde ausführten.

So spann Jan sich in einen Kokon aus Wohlbehagen ein. Sein Haus war komfortabel und wurde durch eine Reihe von Renovierungsmaßnahmen – unter anderem ein neues Badezimmer und die Fassadendämmung – sowie die Innenausstattung mit italienischen Designermöbeln noch komfortabler. Mit der Stadt ging es ebenfalls aufwärts. Die Stützbalken, die zuvor so manches Haus vor dem Einsturz bewahrt hatten, verschwanden allmählich aus dem Straßenbild – bis niemand sich mehr erinnern konnte, dass Fußgänger vor noch nicht allzu langer Zeit regelmäßig den Bürgersteig verlassen mussten, weil ihnen eine dieser Holzkonstruktionen im Weg stand. Langsam wurden auch die Schlaglöcher in den Straßen repariert: Hier und da konnte man nun sogar über Mosaikpflaster promenieren. Selbst die Sonne begann öfter zu scheinen – so schien es jedenfalls.

Irgendwann heiratete Jan seine, wie ich sie immer zu nennen pflege, Leidener Studentin. Nachdem sie endlich ihre letzten Fächer abgeschlossen hatte, fand sie eine Stelle bei einem großen Wissenschaftsverlag. Wiederum einige Jahre später wurde Jan Vater, reichlich spät im Leben, aber weil seine Frau noch so jung war und erst an ihrer Karriere arbeiten wollte, kam es, wie es kam. Drei Jahre nach seiner Tochter wurde ein zweites Kind geboren, diesmal ein Junge.

Mit Jan ging es voran, das Leben wurde für ihn immer schöner. Seine ohnehin schon komfortable Stelle tauschte er gegen eine noch bessere bei derselben Gemeinde ein, einem Konglomerat aus alten Bauerndörfern keine zehn Kilometer vor Amsterdam. Die neue Tätigkeit brachte zwar mehr Verantwortung mit sich, wurde dafür aber außerordentlich gut honoriert. Und man hatte ihm auch schon zu verstehen gegeben, dass damit noch längst nicht das Ende der Fahnenstange erreicht sei, sondern dass er es vielmehr als einen Zwischenschritt auf dem Weg zu einer «echten Position» betrachten müsse, wie es der Leiter des Behördenapparats – mit dem er sich regelmäßig beriet und der ihn aufrichtig zu mögen schien – ein wenig undiplomatisch ausdrückte. In nicht allzu langer Zeit würde unser Familienvater seiner Karriere die Krone aufsetzen können.

Ohne dass es Jan bewusst war, wurde seine Welt – parallel zu seinem Aufstieg auf der sozialen Leiter – zunehmend kleiner. Er vergrub sich in die Arbeit, seine Ehe und die Sorge um seine Kinder. Die Außenwelt schien immer weniger mit ihm zu tun zu haben. Selbstverständlich las er die Zeitungen, sah sich Magazinsendungen an und surfte durchs Internet, aber alles andere musste eben gegenüber der Arbeit und gegenüber Frau und Kindern zurückstehen. Jede Nachricht beurteilte er nach ihrer Bedeutung für die Gemeinde, für die er arbeitete. Ein Artikel über ein vages Vorhaben der Regierung führte nicht zu einem Stirnrunzeln oder einem Lächeln, sondern zu der Frage: Würde sein Arbeitgeber mehr Geld bekommen, falls sich der Plan konkretisierte und eine nationale Regelung eingeführt würde? Oder im Gegenteil weniger? Liefen vielleicht in anderen Kommunen Experimente, von denen er und seine Kollegen profitieren könnten? Wie verhielt es sich mit dem Schwelbrand in der Gesellschaft, mit der unterschwelligen Unzufriedenheit? Wie explosiv waren die Animositäten zwischen den diversen Bevölkerungsgruppen? Müsste man Maßnahmen ergreifen, oder wäre das eher kontraproduktiv?

Nie hatte Jan das Gefühl, dass ihn solche Dinge persönlich betreffen könnten. Er reagierte wie ein erfahrener Beamter, gewohnt, den Schlag abzufangen, bevor er ausgeteilt wurde: In «dieser Disziplin» war er, wie es ein Kollege etwas lakonisch ausdrückte, brillant. Man brachte Jan aufrichtige Wertschätzung entgegen. Auf der Arbeit fand man es geradezu unglaublich, wie er eventuelle Probleme immer schon von Weitem erkannte und dann ohne zu zögern die Lunte aus dem Pulverfass zog.

Jan arbeitete mit Feuereifer, und er war gut darin. Er lebte in einer rosaroten Welt. Bis er eines Tages in einer Stadt erwachte, die von einem mit Rollkoffern und Smartphones bewaffneten, entschlossen voranmarschierenden Heer besetzt wurde. Wodurch genau er wachgeworden war und was ihn aufgescheucht hatte, konnte er nicht sagen. Er schreckte aus seinem Schlaf hoch und stellte fest, dass schon wieder eine Invasion stattgefunden hatte und alles nun von vorne begann. Und wieder hatte er es nicht bemerkt – wobei die Rollkoffer nicht einmal das Schlimmste waren.

Eines Tages bemerkte Jan, dass die letzte noch verbliebene Buchhandlung in der langen Einkaufsstraße unweit seines Hauses nun ebenfalls dichtgemacht hatte. Am Wochenende zuvor hatte er dort noch eine ausländische Zeitung gekauft, doch jetzt waren die Rollläden heruntergelassen und das Firmenschild über dem Eingang bereits entfernt. Es war nicht einmal eine echte Buchhandlung gewesen, eher ein breit sortierter Zeitungs- und Zeitschriftenladen mit einigen Schreibwaren und ein paar Regalen mit Büchern. Aber es war der letzte der drei oder vier, die es hier gegeben hatte, als er noch im Molenpad wohnte. Vom Gemüsehändler, dem Milchladen und dem Bäcker wollte er gar nicht erst reden. In nur wenigen Jahrzehnten war das alles verschwunden, und jetzt verwandelte sich erneut ein Laden für den alltäglichen Bedarf in eines dieser rätselhaften Waffelrestaurants oder vielleicht gar in eine Wok-you-go-Garküche oder irgendetwas in der Art, wofür die Leute, die von außerhalb kamen, Geld hinblätterten. Das war schlimm, aber noch schlimmer waren die Touristen, die auf ihren Mietfahrrädern durch die Stadt schwankten.

«Was sagst du da? Das meinst du nicht wirklich.»

«Nein, echt nicht», sagte Jan, und die Gabel mit dem Stück Pizza Hawaii, die sich vor einer Sekunde noch auf dem Weg zu seinem Mund befunden hatte, schien völlig vergessen zu sein.

«Ist dir denn nie etwas aufgefallen?»

«Nein, ich habe zwar gesehen, dass diese Leute auf dem Fahrrad irgendwie anders unterwegs sind, aber ich habe mir nie klargemacht, dass Touristen sich ein Fahrrad mieten und dann so tun, als ob sie hier schon seit Jahren wohnen würden.»

Wir saßen in der Nähe seines Hauses in der Pizzeria, die auch heute wieder aus allen Nähten platzte.

«Ja, das kommt vor. Sie mieten ein Fahrrad, und das Ergebnis ist selten schön anzuschauen. Vor noch gar nicht langer Zeit habe ich auf dem Platz vor dem Rijksmuseum eine ältere Asiatin gesehen, für die so ein Fahrrad offenbar etwas vollkommen Neues war. Sie versuchte aufzusteigen, schaffte es aber nicht, das Gleichgewicht zu halten, und kippte immer wieder um. Klar und deutlich eine Touristin, die noch nie auf einem Fahrrad gesessen hatte und trotzdem mit ein paar Freundinnen eine Tour durch den Amsterdamer Grachtengürtel machen wollte – sagen wir mal, die lokale Kultur auf lokale Weise erkunden: für eine Stunde Amsterdamer sein, zusammen mit den anderen Amsterdamern … Wenn sie nicht ständig vom Sattel gerutscht wäre und sie es wie durch ein Wunder tatsächlich geschafft hätte, oben zu bleiben, sie hätte es nicht überlebt. Sie wäre hundertprozentig unter ein Auto gekommen, ohne dass der Fahrer irgendetwas dagegen hätte machen können.»

«Ist das nicht schlimm? Ich finde das schrecklich», sagte Jan.

«Ja, das sind Kandidaten für den Darwin-Preis, diesen Negativpreis für idiotische Todesfälle. Es ist Selbstmord, oder eigentlich ist es fahrlässige Tötung. Die Stadt und die Fahrradverleiher sollten das nicht zulassen. Es müsste verboten werden. Es ist kriminell.»

*

Diejenigen Touristen aber, denen es gelang, im Sattel zu bleiben, nahmen sich ein Beispiel an den einheimischen Fahrradfahrern – als Amsterdamer unter Amsterdamern gewissermaßen. Aber wenn es *ein* Vorbild gibt, das keine Nachahmung verdient, dann ist es der Hauptstädter auf seinem *fiets*. Er macht darauf alles, was Gott und der Gesetzgeber verboten haben: Er fährt bei Rot über die Ampel, hat selten einmal Licht an seinem Fahrrad, er radelt vorzugsweise gegen die Fahrtrichtung, schneidet die Kurven und gerät dann in den entgegenkommenden Verkehr, er hält an Stellen, an denen das eigentlich unmöglich ist, fährt auch dort, wo man es klugerweise unterließe, und er strampelt in aller Seelenruhe zu dritt nebeneinander her, und das selbst in den engsten Straßen.

Der Amsterdamer auf seinem Fahrrad erwartet, dass alle anderen Rücksicht auf ihn nehmen, ihm Vorfahrt gewähren und selbstverständlich ständig auf der Hut vor seinen Kapriolen sind. Auch wenn er einfach so aus dem Nichts auftaucht und einem riesigen Lkw den Weg abschneidet, selbst dann glaubt er, alles Recht der Welt dazu zu haben. Sobald der Hauptstädter aufs Fahrrad steigt, wird er zu einem asozialen Subjekt, dem alles vollkommen gleichgültig ist. Gleichzeitig hat der Amsterdamer *fietser* jedoch einen riesengroßen Vorteil gegenüber allen anderen Menschen auf der Welt: Er ist vorhersagbar. Mit ein wenig Erfahrung ist die Körpersprache dieses Verkehrsteilnehmers leicht zu entschlüsseln. Ein geübter Beobachter sieht schon, was der Pedalkünstler anstellen wird, noch bevor es diesem selbst eingefallen ist.

Selbstverständlich gilt dies nicht für den Fahrradtouristen: Der ist nicht nur ungeschickt, sondern auch ein großes Rätsel und somit lebensgefährlich. Italiener mäandern unbeirrt über den Radweg, unterhalten sich so laut, dass sie in mehreren hundert Metern Entfernung noch zu hören sind, und lenken ihr Gefährt dann plötzlich scharf von links nach rechts oder umgekehrt. Es geht sogar noch schlimmer: Manche Besucher aus der Fremde machen ein Video von sich, während sie durch Amsterdam irren. Sie halten ihr Smartphone dabei mit gestrecktem Arm etwas oberhalb ihres Kopfes, so dass sie selbst und die städtische Kulisse gut zu sehen sind. Manchmal benutzen sie dazu auch einen Selfiestick oder tragen einen Helm mit Kamera. Da sie ausschließlich mit der Frage beschäftigt sind, ob das Video auch cool genug wird, um es auf Facebook oder wo auch immer zu posten, achten sie kaum auf den Verkehr, ebenso wenig, wie sie auf den eigenen Kurs achten. Gut gelaunt fahren sie im Zickzack auf dem Radweg. Oder gleich auf der Fahrbahn.

Als Jan sich das Phänomen «Fahrradtourist» noch einmal durch den Kopf gehen ließ, fielen ihm sogleich mehrere Beispiele exzentrischen, rätselhaften oder rundweg bizarren Verhaltens ein. Ohne dass es ihm selbst klar geworden wäre, war er bereits in den Bann des seltsamen, um nicht zu sagen unbegreiflichen, aber auch faszinierenden Wesens, des Touristen, dieser jüngsten Subspezies des Homo sapiens sapiens, geraten. Eine Horde Radfahrer auf dem Bürgersteig? Höchstwahrscheinlich Franzosen, denn so machten sie es zu Hause auch: Das war schließlich sicherer – wenn auch nicht für die Fußgänger, die sich zufällig ebenfalls dort aufhielten. Deutsche wiederum verhielten sich anders, sie radelten nach dem geltenden Regelwerk, allerdings mit einer Vorliebe für allzu hohe Geschwindigkeiten. Amerikaner ließen es dagegen ruhiger angehen. Mit dem Fahrrad zur Arbeit zu kommen ist im Land Uncle Sams unbekannt, das macht man dort mit dem Auto oder notfalls mit dem Zug, dem Bus oder der U-Bahn. Das Fahrrad ist etwas fürs Wochenende.

Das Potpourri aus Nationalitäten und die imposante Bandbreite der internationalen Fahrradetikette machten den Verkehr zu einem Spiel mit vielen Unbekannten. Kein Amsterdamer, der noch sagen könnte, was er zu erwarten hat, wenn er wieder einmal ein Zweirad mit einer Nummer vor sich sieht – Nummern sind das untrügliche Erkennungssignal eines Mietfahrrads, denn wer, außer einem Touristen, mietet in Amsterdam schon ein Fahrrad? In solchen Momenten kann der einheimische Verkehrsteilnehmer ruhig von zweierlei ausgehen: Der Kollege vor ihm ist mit dem Verkehr in Amsterdam nicht vertraut und verhält sich mit hundertprozentiger Sicherheit nicht als Fahrradfahrer, wie er ihn kennt. Biegt er nun nach links ab, oder entscheidet er sich spontan für rechts? Tritt er plötzlich in die Bremse oder doch nicht? Hat er bemerkt, dass die Ampel auf Rot gesprungen ist? Oder ignoriert er es einfach? Es bleibt alles im Ungewissen – bis es zu spät ist.

Dennoch, da fahren sie, all die Frauen und Männer auf ihren grellfarbenen *fietsen*, das obligatorische Körbchen am Lenker mit einer bunten Plakette davor. Jan kannte all die verschiedenen Texte auf den Schildchen: «Amsterdam Bikes», «The Dutch Experience» oder so etwas wie «Windmills, Tulips and Bikes». Alles gleichermaßen unbeholfen und dämlich. Denn sieht dieses Gewurstel auf einem Regenbogenfahrrad nicht ausgesprochen kindisch aus? Und obendrein ist es brandgefährlich, ebenso gefährlich wie die Rikschas, die viel zu schnell auf dem Fahrradweg unterwegs sind und meist von Osteuropäern gelenkt werden. Zumindest glaubte Jan, wenn er zwei Betreiber von Fahrradtaxen auf Englisch oder in irgendeiner anderen Sprache reden hörte, immer einen slawischen Akzent wahrzunehmen.

*

Natürlich war das nicht erst seit gestern so, das alles gab es bereits länger. Vor fünf oder zehn Jahren war es auch schon so gewesen, doch da konnte Jan es noch ausblenden. Oder zumindest hatte er damit leben können. Aber mittlerweile ging das nicht mehr. Plötzlich war die Sache ernst geworden. Jan hatte das Gefühl, dass ihm sein Geburtsrecht genommen wurde, und er weigerte sich kategorisch, das tatenlos hinzunehmen. Aber warum eigentlich? Warum hatte er vor fünf Jahren noch damit leben können, jetzt aber nicht mehr? Woher diese Wandlung? Ich habe lange darüber nachgedacht, und mir ist nur eine

Antwort eingefallen: Corona, das Virus, das die gesamte Welt zum Stillstand brachte.

Vielleicht klingt es etwas weit hergeholt, denn die Pandemie liegt nun schon wieder Jahre hinter uns, aber alle anderen Erklärungen griffen zu kurz. Ich hatte zunächst gedacht: Vielleicht ist da etwas mit der Familie, vielleicht gibt es irgendwelche Probleme mit den Kindern, vielleicht Reibereien mit Maya? Das war mir durch den Kopf gegangen, und ich hatte ihn damit konfrontiert. Aber nein, er habe nichts zu klagen, er liebe Maya, und er liebe auch seine Kinder. Habe er denn gerade eine Midlifecrisis? Sei er womöglich unzufrieden mit seinem Leben und seiner Arbeit? Suche er etwas anderes und glaube er, etwas verpasst zu haben? Jan musste lachen. Ihm war sofort klar, worauf ich hinauswollte. Nein, wenn er sein Leben noch einmal leben müsste, würde er es wieder genauso machen. Er würde wirklich nichts daran ändern wollen.

Selbstverständlich glaubte ich Jan, denn ich kannte ihn lange genug. Und damit war ich wieder bei der ursprünglichen Frage: Warum vor fünf Jahren nicht und jetzt plötzlich doch? Schon bald landete ich bei der Geschichte mit dem Frosch im Kochtopf: Wenn man den Topf auf eine heiße Herdplatte stellt, bleibt das arme Tier sitzen – es merkt nicht einmal, dass es langsam gegart wird, da es offenbar die allmähliche Veränderung seiner Umgebung nicht wahrnimmt. Natürlich ist es unmöglich, einen Frosch ohne Gewaltanwendung in einen Topf mit kochendem Wasser zu bugsieren, aber bietet man dem Tier einen Topf mit kaltem Wasser an und erhitzt diesen dann langsam, sieht es keinen Grund, sein Heil woanders zu suchen. Heißt es in der Geschichte. Die natürlich nicht stimmt. Der Frosch ist im Nu auf und davon. Das dauert keine drei Sekunden.

Gleichzeitig erzählt die Geschichte ziemlich genau, was mit Jan passierte. Er lebte schon seit Jahren in Amsterdam, mehr noch, er hatte nie irgendwo anders gelebt. Sein Kochtopf, die altvertraute Hauptstadt, von ihren Einwohnern auch liebevoll «Mokum» genannt, heizte sich langsam auf, allerdings so langsam, dass er den Temperaturanstieg gar nicht bemerkte. Und irgendwann fand Jan sich dann in einem Topf mit kochendem Wasser wieder. Natürlich nahm er das schon vorher wahr, aber offenbar war ihm nicht bewusst, dass er es wahrnahm.

Erst in dem Moment, als man die Kochplatte wieder abstellte, wurde Jan klar, was ihm all die Jahre gefehlt hatte. Durch die Corona-Pandemie kam plötzlich ein ganz anderes, sehr viel älteres Amsterdam zum Vorschein. Die herumkrakeelenden Engländer verschwanden von einem Tag auf den anderen, ein Großteil der Expats verließ die Stadt, und die Einkaufsbummler blieben zu Hause. Amsterdam zeigte sich plötzlich so, wie es vor langer Zeit einmal gewesen war: still, leer und wunderschön.

Jan hoffte, betete und flehte die Götter an, dass es für immer so bleiben möge, auch wenn die Pandemie überstanden war – oder dass es zumindest nicht mehr so schlimm wie vor der Corona-Krise würde. Doch das erwies sich als Illusion. Es wurde sogar noch schlimmer. Bürgermeister und Beigeordnete versuchten zwar, alles in geordnete Bahnen zu lenken, ergriffen hier und da ein paar halbherzige Maßnahmen, erließen eine Reihe von Verordnungen, nahmen Geld in die Hand und gaben es, ohne lange darüber nachzudenken, aus. Aber natürlich führte es zu nichts, denn schon bald erwies sich eine uralte und so gut wie tot geglaubte Wahrheit immer noch als quicklebendig: Die Finanzen einer Stadt sind ein riesiges Fass ohne Boden. Und womit, wenn nicht mit Touristen, könnte man dieses Fass auch sonst füllen?

Fast wäre Jan wieder eingeschlummert. Er glaubte einfach nicht, dass der Zustand aus der Zeit vor Corona wiederkehren würde, er vertraute der Stadtverwaltung, war überzeugt, dass sie ihre Lektion gelernt hatte und die Lage diesmal – *sadder but wiser* – nicht aus dem Ruder laufen ließe. Das war natürlich allzu optimistisch gedacht: Im Nu heizte sich der Kochtopf wieder auf. Doch diesmal sprang Jan heraus, und zwar lange bevor das Wasser zum Kochen kam. Er begann zu revoltieren.

Jetzt schon. Aber warum eigentlich? Weshalb wurde Jan nach der Corona-Pandemie plötzlich zum Revolutionär? Auch dazu habe ich eine Theorie.

Wie entstehen Revolutionen? In diesem Zusammenhang keine unwichtige Frage, wie mir scheint. Der große Karl Marx hatte dazu eine Idee. Er betrachtete das Weltgeschehen durch die ökonomische Brille und meinte, dass sich alles ums Geld drehe. Wer hat es, wer hat es nicht? Er glaubte auch, dass die Welt niemals stillstehe und auch nie stillstehen werde. Und er wusste, in welche Richtung alles fließt, nämlich in die Hände eines immer kleiner werdenden Klübchens. Fabriken, Grund und Boden, Häuser, alles von Wert würde durch Konkurse, eine unpraktisch große Zahl von Erben oder einfach durch Dummheit langsam, aber sicher in den Besitz einiger weniger Superreicher gelangen. Die Pechvögel, die pleitegingen, ihr Erbe mit allzu vielen Brüdern und Schwestern teilen müssten oder die zu dumm waren, ihren irdischen Besitz zusammenzuhalten – sie alle würden von der gesellschaftlichen Leiter fallen und, einmal unten angekommen, für immer zu jener anderen Klasse gehören, den Arbeitern, oder, um mit Marx zu sprechen, dem Proletariat.

Diese Proletarier hatten es ohnehin schon nicht besonders leicht und würden es auf Betreiben der zunehmend kleineren Gruppe von Kapitalisten auch künftig nicht leichter haben, im Gegenteil: Die Löhne konnten schließlich immer noch ein Stück weiter gedrückt werden. Auf die Dauer würden sie es jedoch nicht länger akzeptieren und die Klasse der Besitzenden von ihrem Thron stoßen. Revolution! Weg mit dem kapitalistischen Schweinesystem! Dann noch kurz das Geld unter seinesgleichen verteilen, und fertig war das irdische Paradies.

Doch denkste. Denn so ist es nirgendwo gelaufen, erzählte uns unsere Geschichtslehrerin während ihrer Erörterungen über die bürgerlichen und sozialen Revolutionen seit 1750, ein Thema, das mehrere Wochen Unterricht in Anspruch nahm, da sich offenbar so einiges darüber sagen ließ. Das war im Jahr der Abschlussprüfung. Jan war da schon nicht mehr dabei. Er hatte keine Zeit für die Vergangenheit, war zu beschäftigt mit den Fächern, die ihm am Ende des Weges ein hübsches Einkommen bescheren sollten. So verpasste er wesentliche Informationen über sich selbst – obwohl ich der Erste bin, der zuzugeben bereit ist, dass es noch eine Weile dauern sollte, bis er dieses Wissen hätte einsetzen können: etwa vierzig Jahre, um genau zu sein.

Langer Rede kurzer Sinn: Im Examensjahr lernte ich, dass es immer und überall Revolutionen gegeben hatte, aber noch nie war dabei der Plebs an die Macht gekommen. Die Proletarier waren schlichtweg zu sehr damit beschäftigt, ein paar Kröten zusammenzukratzen, um überleben zu können. Außerdem glaubten sie, dass sie selbst an ihrer Misere schuld seien. Über die Jahrhunderte hinweg waren die Armen der festen Überzeugung, dass sie sich nicht genügend anstrengten, großes Pech gehabt hätten oder einfach völlig inkompetent wären. Das Proletariat – die Klasse, in die Marx seine Hoffnung gesetzt hatte – versank in lähmender Apathie oder arbeitete sich einen Wolf. Zeit für eine Revolution? Lust auf eine Revolution? Ausreichend Mumm für eine Revolution? Vergiss es!

Nein, Revolutionen gehen auf das Konto von Bürgern, die, wie etwa in Frankreich gegen Ende des achtzehnten Jahrhunderts, von ihren eigenen Fähigkeiten überzeugt sind. Damals legte die Bourgeoisie König Ludwig XVI. und einen Großteil des Adels ohne viel Federlesens unter die Guillotine. Und man kann es nicht anders sagen: Der Fürst war ein vollkommen unfähiger Hanswurst, unter dessen Herrschaft der Staat auf spektakuläre Weise bankrott ging. Als Reaktion darauf wurden umgehend die Steuern erhöht, um nur einmal eine der noch kleineren Unannehmlichkeiten zu nennen. Die französischen Bürger wussten, dass es nicht an ihnen lag: Sie hatten florierende Unternehmen aufgebaut, sich große Häuser und schöne Kleider gekauft, standen bei niemandem in der Kreide und waren ausschließlich sich selbst zu Dank verpflichtet. Doch nun drohten sie diese Unternehmen, Häuser und Kleider durch die Dummheit eines anderen zu verlieren. Natürlich ließen sie sich den Spaß nicht verderben, und schon gar nicht durch einen inkompetenten König.

Selbstverständlich fraß auch diese Revolution ihre eigenen Kinder. Wiederum einige Jahre später sollte sich Napoleon selbst zum Kaiser krönen und Europa fast zwanzig Jahre lang mit endlosen Kriegen heimsuchen, doch das konnte im Jahr 1789 noch niemand ahnen. Die Franzosen reagierten so, wie die Bürgerschaft immer und überall reagiert – sie ließen sich nicht einfach so ihr Geld abnehmen. Dann verurteilten sie noch lieber den gesamten Hofstaat und jeden Herzog, Grafen und Baron zum Tod durch das Fallbeil.

Was das alles mit Jan zu tun hat? Es war ein ziemlicher Umweg, den ich eingeschlagen habe, doch letztlich läuft es darauf hinaus: Zunächst war Jan ein Frosch in einem Kochtopf und hatte den revolutionären Elan eines Lumpenproletariers. Irgendwann verbesserte sich sein Leben unerwarteterweise, und als man es ihm dann wegnahm, reagierte er darauf wie ein französischer Bürger, ein Revolutionär. Er wurde rebellisch. Ohne Corona wäre das nie passiert. Jahrhundertelang war man überzeugt, dass große Folgen per definitionem auch große Ursachen haben, doch inzwischen wissen wir, dass auch etwas Kleines, ein winziges Virus in diesem Fall, zu epochalen Verwerfungen führen kann. Jans Geschichte ist der Beweis.

FLUCH UND SEGEN ZUGLEICH

Anfangs ließ sich alles noch ziemlich unschuldig an. Es ist nun schon wieder eine ganze Weile her, und an viele der alltäglichen Ereignisse kann ich mich nicht mehr oder nur noch vage erinnern. Aber dass es mir nicht allzu bedrohlich vorkam, weiß ich noch genau. Eigentlich nahm ich es selbst kaum wahr: Erst später erfuhr ich, dass in China eine unbekannte Lungenkrankheit ausgebrochen war. Das war in den letzten Monaten des Jahres 2019. Nahezu niemand fand das damals wirklich beunruhigend: Asien ist groß, und es war nicht das erste Mal, dass dort ein gefährliches Virus herumschwirrte. Und inzwischen hatten die Länder dort so viel Expertise aufgebaut, dass sie sehr genau wussten, wie sie eine Epidemie in den Griff bekommen konnten. Das, was im Fernen Osten geschah, würde wahrscheinlich auch dort bleiben.

Selbst als das Virus Anfang Februar 2020 auch bei uns Fuß fasste, blieb es zunächst bei unbeschwerter Sorglosigkeit. So stand etwa in der Samstagsausgabe der Zeitung ein kurzes Interview mit einer Mailänder Hausärztin, die der Ansicht war, gesunde Menschen seien nicht von der neuen Krankheit betroffen. Corona werde vor allem todkranken Patienten zum Verhängnis. Das Virus versetze ihnen nur den letzten Stoß – so ihre feste Überzeugung. Und noch im März schrieb ein deutscher Pathologe, dass er mehr als hundert Opfer der Krankheit untersucht und dabei jedes Mal eine andere und zwar sehr schwere Erkrankung festgestellt habe. Der Schluss lag also nahe, dass Corona nur solchen Menschen etwas anhaben könne, die bereits schwer erkrankt waren. Die neue Seuche schien lediglich der fatale Tropfen zu sein, der das Fass zum Überlaufen brachte. Doch keinen Monat später wurde der Mann zum Gespött seines Universitätsklinikums. Er hatte versäumt, in die Patientenakten zu schauen. Denn hätte er es getan, wäre ihm aufgefallen, dass alle kerngesund waren, bevor das Virus zugeschlagen hatte. Corona machte krank, und zwar sehr krank.

In Italien war das zu dem Zeitpunkt schon bekannt. Bergamo, ein wohlhabendes Städtchen im Norden, wurde zum ersten europäischen Epizentrum. Der örtliche Fußballverein Atalanta musste Mitte Februar ein wichtiges Spiel gegen das spanische Valencia austragen. Da das eigene Stadion nicht den Normen der europäischen Fußballverbände entsprach, wich man in die Mailänder Arena aus. Den Spaniern wurde an jenem Abend ein ernüchterndes Erlebnis bereitet: Die Italiener erteilten ihnen Fußballunterricht, spielten das Spiel ihres Lebens und gewannen mit vier zu eins. Nach dem Abpfiff fuhren Zehntausende Anhänger zurück nach Bergamo, mit dem Zug, dem Reisebus oder im eigenen Auto. Sie sangen, feierten mit ihren Freunden bis tief in die Nacht und umarmten sich vor lauter Glück. Sie waren völlig außer Rand und Band. Es war reine Magie.

Auch das Virus hatte einen super Abend. Ein paar Wochen später waren die Krankenhäuser gefüllt mit Corona-Patienten. Bergamo wurde zur Geisterstadt, niemand wagte sich noch aus dem Haus. Das öffentliche Leben existierte nicht mehr. Die Stadt lag wie tot da. Zwitschernde Vögel, das Läuten der Kirchenglocken und die Sirenen der Krankenwagen – das waren die einzigen Geräusche, die noch zu hören waren. In den Gängen des örtlichen Krankenhauses lagen todkranke Patienten auf einfachen Tragen. Pflegekräfte fielen einfach um, Ärzte brachen zusammen oder wurden selbst krank und starben.

Die Lokalzeitung enthielt jeden Tag seitenweise Todesanzeigen. Geschichten über verstorbene Familienangehörige machten die Runde, Menschen, die mehrere Tage in einem abgeschlossenen Schlafzimmer bleiben mussten, weil keine Institution mehr in der Lage war, die sterblichen Überreste abzuholen. Särge wurden zu einem knappen Gut. Die Krematorien arbeiteten rund um die Uhr und konnten den Ansturm trotzdem nicht bewältigen. Die Friedhöfe kämpften mit demselben Problem. In der Kirche eines nahegelegenen Dorfes standen die Särge quer im Hauptschiff aufgereiht. Alle paar Tage kam die Armee mit einer Kolonne Lkws, lud alles auf, desinfizierte das Gebäude und fuhr mit der traurigen Fracht davon.

Mitte März dann die endgültige Niederlage. Das Ende der Zeiten. Am frühen Morgen fuhren siebzig Armeelaster von der Leichenhalle des Zentralfriedhofs zu ebenso vielen verschiedenen Orten in Italien, um die Toten dort einäschern zu lassen. Ohne dass die Hinterbliebenen auch nur davon wussten. Erst im Nachhinein erfuhren sie von der stillen Beisetzung; Wochen später waren sie immer noch auf der Suche nach der Asche ihrer Großeltern, ihres Vaters, der Mutter, des Onkels, der Tante oder des Gatten beziehungsweise der Gattin. Diese halb geheimen Einäscherungen, die überall im Land stattfanden, ähnelten den Hygienemaßnahmen, wie es sie auch schon im Mittelalter gegeben hatte, als der Schwarze Tod über den Kontinent hinwegfegte.

Die Europäer konnten kaum fassen, dass all dies in ihrem so blitzblanken und straff organisierten Erdteil geschah. In den Niederlanden blickte man sprachlos auf das Horrortheater. Warum war Italien so viel härter betroffen als andere Länder? Das war die Frage, die alle beschäftigte. Die Antwort kam schon bald: Die Italiener hatte es nicht härter, sondern nur früher getroffen. Ein paar Wochen später versank auch Spanien in der Pandemie. Im Nu waren auch dort die Ärzte und das Pflegepersonal in den Krankenhäusern überlastet. Selbst in Madrid zeigte sich die Bestattungsbranche überfordert, und es musste in aller Eile eine überdachte Kunsteisbahn als Leichenhalle hergerichtet werden. Der Untergang des Abendlands schien nur noch eine Frage von Wochen zu sein.

In England schlug das Virus ebenfalls heftig zu. Anfang April erkrankte sogar der britische Premierminister daran. Boris Johnson musste ins Krankenhaus und wurde dort schon bald auf die Intensivstation verlegt, obwohl er, so betonten seine

Pressesprecher gebetsmühlenhaft, nicht an der künstlichen Beatmung liege. Vertrauten Johnsons zufolge stand es jedoch Spitz auf Knopf. Johnson kam der Ziellinie bereits gefährlich nahe, doch er überlebte und konnte wieder nach Hause. Viele Monate später wirkte der Premier jedoch immer noch müde und erschöpft: Während der Debatten im Parlament war nichts von den eitlen Manieriertheiten zu merken, die er so liebte. Johnson schien ein gebrochener Mann zu sein. Manchmal sah es so aus, als hätten selbst seine politischen Gegner Mitleid mit ihm und attackierten ihn deshalb nur halbherzig.

Binnen weniger Monate entwickelte Corona sich zu einer weltweiten Pandemie. In den Vereinigten Staaten hatte das Virus freie Bahn: Präsident Donald Trump gab ihm den nötigen Raum, um frohlockend von Rekord zu Rekord zu eilen. Hände waschen, Mundschutz tragen, anderthalb Meter Abstand halten – all diese simplen Maßnahmen, um die Epidemie noch einigermaßen im Zaum halten zu können, wurden zum Symbol eines Kulturkampfs: Sie zu befolgen galt als unpatriotisch. Auch dieser Regierungschef wurde schließlich krank und musste ins Krankenhaus, ironischerweise kurz vor den Präsidentschaftswahlen. Während er noch hoffte, sich eine zweite Amtszeit zu sichern, entschied sich Amerika wenig überraschend für einen anderen als Donald Trump mit seinem waghalsigen Kurs.

Auch die Vereinigten Staaten waren nicht die letzte Station. Nichts und niemand wurde verschont. Länder wie Brasilien, Südafrika und Indien wurden zu wahren Brandherden. Von den Niederlanden ganz zu schweigen.

*

Zu dem Zeitpunkt, als die USA an der Reihe waren, saß ich schon seit Wochen zu Hause. Im März 2020 hatte die niederländische Regierung einen «intelligenten Lockdown» verkündet. Was an den verhängten Maßnahmen intelligent sein sollte, habe ich nie verstanden, vielleicht waren unsere Regierenden einfach nur stolz darauf, dass das soziale Leben nicht an die (ganz kurze) Leine gelegt wurde. Jedenfalls präsentierte man den niederländischen Ansatz mit einem überraschenden Mangel an Bescheidenheit als eine den Nachbarländern überlegene Strategie. Dass dann ein halbes Jahr später die Maßnahmen derselben Nachbarländer doch noch kopiert wurden, sei den Exzellenzen vergeben. Wahrscheinlich glaubten die Minister, dass dieser Ansatz, wenn sie das Label «intelligent» darauf pappten, tatsächlich intelligent wäre.

Das Leben im Land wurde größtenteils eingefroren. Ganze Sektoren mussten ihre Türen schließen: Schulen und Universitäten, Restaurants, Kneipen und Cafés, Diskotheken, Fitnessstudios, Friseure, die Rotlichtviertel. Die Tourismusbranche ging völlig in die Knie. Konzerte wurden abgesagt, große Sportveranstaltungen verschoben. Die Bürger sollten so viel wie möglich von zu Hause aus arbeiten, die tägliche Fahrt zum Büro gehörte ab sofort der Vergangenheit an. Passagierflugzeuge standen scheinbar für immer am Boden, binnen weniger Wochen hatten sich die Landebahnen auf Schiphol in einen riesigen Parkplatz verwandelt.

Auch das Zentrum von Amsterdam erlebte einen dramatischen Gestaltwandel. Die Stadt war mit einem Schlag wie ausgestorben. Dort, wo sich ein paar Monate zuvor noch die Touristen und Einkaufsbummler getummelt hatten, blieben die Straßen leer. Selbst der stets so belebte Nieuwmarkt und der Zeedijk entkamen der Großen Stille nicht. Ein beträchtlicher Teil der Läden in der Leidsestraat machte überhaupt nicht mehr auf, nicht mal, als sie von den Corona-Maßnahmen ausgenommen wurden. Leere Straßenbahnen schoben sich im Schritttempo an den dunklen Schaufenstern vorbei. Nichts erinnerte noch an die Zeit vor dem Virus. Innerhalb weniger Tage war alles schmückende Beiwerk verschwunden und das Leben auf das Allernotwendigste reduziert.

Ob noch irgendetwas von dem altvertrauten Leben übrig bleiben würde? Alles roch nach Untergang. Die Bevölkerung reagierte entsprechend und begann, Nudeln, Tomatensoße und vor allem Toilettenpapier zu hamstern. Im Nu waren die Regale leer. Die Ölkrise, die Millenniumkrise, die Banken- und Finanzkrise, die Krise des Euros – jedes Mal hatten die Niederländer stolz und unbeirrt reagiert, aber dieses Mal war etwas in ihnen zerbrochen. Es dauerte fast einen Monat, bis die Supermärkte in ihrem Sortiment wieder einen erträglichen Anblick boten.

In den Medien hatte man nur noch Corona im Blick, alle anderen Nachrichten erschienen wie durch Zauberhand plötzlich irrelevant. Jeden Abend standen die Fernsehnachrichten und die Talkshows im Zeichen einiger simpler Fragen: Was macht das Virus genau mit dem Menschen, wie findet die Übertragung statt, wie hoch war die Zahl der Ansteckungen heute, wie viele Menschen liegen derzeit im Krankenhaus und wie viele davon auf der Intensivstation, wie viele Tote hatte die Pandemie in dieser Woche gefordert? Es war kaum noch zu ertragen. Und immer wieder dieselben Gesichter im Fernsehen: der Vorsitzende des Verbands der Intensivmediziner, der Geschäftsführer eines großen Krankenhauses, dem es oblag, die Patienten über das Land zu verteilen, mehrere Virologen – und wahrscheinlich habe ich jetzt noch die Hälfte vergessen. Sie wurden zu Popstars: Die Zeitungen und Zeitschriften zeichneten ihr Leben minutiös nach. Auf der Straße, in den Supermärkten – überall wurden sie erkannt.

Nachdem die Medien monatelang immer wieder dieselben Fragen gestellt hatten, begannen sich die Scheinwerfer langsam in eine andere Richtung zu bewegen. Die Regierung unterstützte die Wirtschaft großzügig – sogar ich habe ein bisschen Geld bekommen. Trotzdem tobte schon bald ein Guerillakrieg zwischen der Regierung – die zur Vorsicht mahnte und das Land am liebsten noch ein wenig im Dornröschenschlaf gehalten hätte – und einem Rudel stimmbegabter, ja geradezu cholerischer Gastronomen, die so schnell wie möglich ihre Kneipe, ihre Diskothek oder ihr Restaurant wieder öffnen wollten, weil ihnen Umsatz entging – auch wenn das zu einem Tsunami an Neuansteckungen hätte führen können. Denn wenn das Virus eines mochte, dann war es angetrunkenes Volk, das es, dicht zusammengedrängt in geschlossenen Räumen, ordentlich krachen ließ. Doch das gehörte nicht zu den Hauptsorgen der holländischen Gastronomie.

In einigen Regionen drohten Kneipen- und Restaurantbetreiber mit dem Öffnen ihrer Läden, auch wenn das noch verboten war. Sie hielten es finanziell nicht länger durch, kommentierte eine große Tageszeitung ihre kämpferische Haltung. Selbstverständlich passierte nichts, allerdings wurde die Förderung noch einmal aufgestockt. Die Milliarden flogen einem nur so um die Ohren, als hätte Geld überhaupt keine Bedeutung mehr.

Als einfacher Klavierlehrer betrachtete ich den Zirkus mit großer Verwunderung. Ehrlich gesagt konnte ich die Empörung kaum verstehen, denn insbesondere in Amsterdam wurde seit Jahr und Tag für jede Tasse Kaffee oder Tee und für jedes Glas Wein oder Bier mindestens ein Euro zu viel berechnet. Ich hatte eigentlich erwartet, dass die örtliche Gastronomie deshalb eine ganze Weile durchhalten könne. Hatten die Inhaber der Etablissements etwa auf zu großem Fuß gelebt – ein viel zu teures Auto gefahren, teure Anzüge gekauft, sich eine kostspielige Scheidung geleistet, zu häufige und zu weite Urlaubsreisen unternommen – und nun schlicht keine Reserven mehr? Und jetzt sollte der Steuerzahler für ihre selbstverschuldete Notlage aufkommen?

Eines Tages hörte ich im Supermarkt jemanden über die Pandemie schwadronieren. Der Mann gehörte jenem Typus an, dem man in der Stadt öfter begegnete: mittleren Alters, etwas schlampig gekleidet, eloquent, zweifellos ein wenig einsam und absolut nicht bereit, anderen zuzuhören, sondern nur in der Lage, selbst zu reden. Die Kassiererin scannte seinen Einkauf ein, ohne sich um ihn zu kümmern, was ihn jedoch nicht davon abhielt, unbeirrt seine Theorie zu ventilieren, wonach Corona der Preis für unsere globalisierte Gesellschaft sei und wir jedes Mal, wenn wir es zu bunt trieben, dafür mit einer Epidemie bezahlen würden. Man sehe sich nur mal das

Mittelalter mit dem Schwarzen Tod an oder die Jahre gleich nach dem Ersten Weltkrieg, als die Spanische Grippe Millionen von Todesopfern dahingerafft hätte. So wie jetzt wieder. Die Kassiererin nickte und zeigte auf das Kartenzahlungsgerät – er könne jetzt bezahlen. Und just in diesem Moment sagte er etwas, das so logisch klang, dass bei mir plötzlich das Licht anging.

«So eine Epidemie dauert zwei Jahre. Es hat immer zwei Jahre gedauert, wenn es wieder einmal so weit war. Nie kürzer und selten sehr viel länger – vielleicht ein paar Monate, aber gehen Sie ruhig von zwei Jahren aus. Damit liegt man immer richtig!»

Das war im dritten Monat der Pandemie, als alle Welt noch hoffte, dass es im Herbst vorbei wäre. Doch in diesem Augenblick wurde mir klar, dass es wohl noch eine Weile dauern würde, bis ich wieder Klavierunterricht geben könnte. Ich wusste nun auch, dass es keinen Sinn hätte, jeden Tag die Ansteckungszahlen, die Krankenhausaufnahmen, die Belegung der Intensivbetten und die Todeszahlen zu studieren oder gar den Experten zuzuhören – damit konnte ich getrost noch ein Jahr warten. Wenn ich einfach nur jeden Tag zehn Minuten Nachrichten schauen würde, wüsste ich genug. Rasch legte ich meine Einkäufe aufs Band, und als ich zu Hause war, fragte ich mich, wie ich nun mein weiteres Leben gestalten sollte. Denn das hier war vorläufig noch nicht überstanden.

*

Für Jan brauchte es solche prophetischen Worte nicht. Sein Arbeitgeber befahl all seinen Mitarbeitern, zu Hause zu arbeiten, es sei denn, dass es gar nicht anders ging. Falls nötig, war die Gemeinde sogar dabei behilflich, einen Homeoffice-Arbeitsplatz einzurichten. Zuerst glaubte Jan noch, dass er als Führungskraft verpflichtet sei, regelmäßig ins Büro zu kommen, auch wenn er der Einzige wäre, doch Maya holte ihn schon bald aus seinen Träumen: Müllmänner, Straßenarbeiter, Automechaniker und Verkäuferinnen, um nur einige Beispiele zu nennen, hätten keine andere Wahl, aber Bürohengste wie er könnten doch einfach zu Hause bleiben? Mehr noch, Jan müsse mit gutem Beispiel vorangehen: Seine Leute müssten zu Hause arbeiten, und es gehöre sich nicht, wenn er dann trotzdem ins Büro komme. Selbstverständlich konnte unser Familienvater nicht anders, als ihr recht zu geben.

Am Wochenende strichen Jan und Maya den Teil des Dachbodens, den sie vor Jahren notdürftig hatten ausbauen lassen – einfach, weil Maya es für eine gute Idee hielt, auch wenn ihnen anschließend keine rechte Verwendung für diesen Raum eingefallen war. Jetzt richteten sie ihn als Büro ein, verlegten Kabel, und Maya rief noch kurz den Provider an, weil sie eine höhere Internetgeschwindigkeit brauchte. Und das war's. Den Kindern wurde aufgetragen, die Hausarbeiten von nun an in ihren Zimmern zu erledigen. Maya hatte schon immer eine halbe Woche zu Hause gearbeitet und irgendwann das Wohnzimmer zu ihrem Arbeitsplatz erklärt. Und das sollte auch in Zukunft so bleiben, Corona hin oder her.

Anfangs war Jan todunglücklich in seinem provisorischen Dachbodenbüro. Er war es gewohnt, seine Mitarbeiter in der Nähe zu haben. Wenn er etwas wissen wollte, konnte er direkt auf sie zugehen. Und sollte er den Rat seines Vorgesetzten brauchen, fragte er dessen Sekretärin, wann es in seinem Terminkalender mal eine Lücke von, sagen wir: fünf Minuten gäbe. Das reichte ihm schon. Jan war es gewohnt, seine Angelegenheiten ohne Umwege, informell und vor allem schnell zu erledigen. Und das war nun vom Dachboden aus nicht mehr so einfach, so wie es jetzt schwierig war, den einen oder anderen faulen Apfel, den es wohl in jedem Abteilungskorb gibt, im Auge zu behalten. Vor der Pandemie hatte es genügt, regelmäßig bei den Betreffenden vorbeizuschauen und sich nach dem Stand der Arbeit zu erkundigen. Das war nun auf einen Schlag nicht mehr möglich. Die Kommunikation über Telefon und Computer machte alles abstrakter.

Die Gewichte hatten sich nicht zu seinem Vorteil verschoben, glaubte Jan, doch in den darauffolgenden Monaten sah er die Sache differenzierter, um nicht zu sagen: sehr viel positiver. Er entdeckte eine neue Art zu arbeiten: Seinen Mitarbeitern erklärte er, dass sie, falls nötig, tagsüber einkaufen oder den Kindern Nachhilfe geben könnten, solange nur die Deadlines eingehalten würden. Und er war es, der die Deadlines festlegte.

Durch das Arbeiten im Homeoffice konnte Jan sich voll und ganz auf die Ergebnisse konzentrieren. Im Büro hatte er immer wieder feststellen müssen, dass körperliche Anwesenheit nicht zwangsläufig bedeutete, dass der Arbeitnehmer auch geistig präsent war. Große Teile des Tages gingen mit wenig sinnvollen Sitzungen, rituellen Tänzen, Urlaubserzählungen, Gesprächen über das Wohlbefinden des Kollegen und seiner Familie, manchmal sogar der gesamten Verwandtschaft, verloren. Das wurde nun mit einem Mal wesentlich einfacher. Selbstverständlich blieb Jan weiterhin für alle ansprechbar und war bereit, sich alles anzuhören, solange nur die Arbeit pünktlich erledigt wurde. Und wenn seine Mitarbeiter glaubten, diese mitten in der Nacht erledigen zu müssen, taten sie es, soweit es ihn betraf, dann eben mitten in der Nacht.

Schon bald ging unser Familienvater morgens pfeifend nach oben in sein Dachstübchen, kam zur Mittagszeit nach unten, um zusammen mit Maya und den Kindern zu Mittag zu essen, stieg pfeifend wieder die Treppe hinauf und machte sich dann spätnachmittags auf den Weg, um einzukaufen. Seit Jan auf dem Dachboden biwakierte, kochte er in der Woche für die Familie. Manchmal jedoch ließ Maya sich nicht bremsen und kündigte an, höchstpersönlich die Mahlzeit zuzubereiten. Dann stieg er ein drittes Mal die Treppe hinauf, um noch ein Stündchen zu arbeiten.

Nach dem ersten Schock zeigte sich also, dass die Pandemie auch ihre positiven Seiten hatte. Hin und wieder fuhr Jan ins Büro, um dort ein paar Akten zu holen, die noch nicht digitalisiert waren, und jedes Mal lief er durch ein fast leeres Gebäude. Nur das Personal am Empfangstresen, die Sicherheitskräfte und das Reinigungspersonal waren auf ihren Posten geblieben. Die Flure klangen hohl, das Licht brannte nur für die Security-Leute, die stündlich ihre Runde drehten. In seinem Zimmer hatte sich nichts verändert, sogar die zwei Pflanzen standen noch an Ort und Stelle. Der Schreibtisch und der Sitzungstisch waren blitzblank und auf Hochglanz poliert, doch auf den halbhohen Registraturschränken bemerkte Jan eine dicke Staubschicht. Er suchte die Akten zusammen, nahm die Ordner unter den Arm, sah sich in seinem leeren Büro noch einmal um und fuhr gut gelaunt zurück nach Amsterdam.

*

Die Restaurants und Kneipen waren über lange Zeit geschlossen, und anstatt irgendwo etwas essen oder trinken zu gehen, unternahmen Jan und ich regelmäßig Spaziergänge in der Stadt. Tagsüber saßen wir beide nur zu Hause herum, und auf diese Weise bekamen wir immerhin noch ein wenig Bewegung. Und natürlich waren wir neugierig auf die Stadt im Lockdown. Das erste Mal gingen wir Richtung Prinsengracht, von dort aus nach links, an Jans alter Wohnung am Molenpad vorbei und weiter durch die *negen straatjes*, ein malerisches Viertel im Grachtengürtel. Es war noch früh am Abend, doch nichts erinnerte mehr an den Trubel, der hier einen Monat zuvor noch geherrscht hatte. Auch im benachbarten Jordaan-Viertel begegneten wir kaum jemandem. Es war fast schon beklemmend.

In der Woche danach gingen wir in östliche Richtung, zuerst über die Vijzelgracht, dann ein Stück über die Lijnbaansgracht, anschließend über die Reguliersgracht mit den sieben Brücken und am Standbild Thorbeckes vorbei, bis wir zum Schluss auf dem Rembrandtplein ankamen. Auch dort herrschte spektakuläre Leere: Der Platz, einst der unbestrittene Mittelpunkt alkoholischen Vergnügens, lag wie ausgestorben da. Eine einzige Person stand an der Straßenbahnhaltestelle, das war's.

«Hier kannst du eine Kanone abschießen», sagte Jan.

«Ohne jemanden zu treffen …»

«Es sei denn, du knallst das Denkmal vom Sockel.»

Jan und ich kamen gleichzeitig auf die Idee, zu den Wallen, dem Rotlichtviertel der Stadt, zu spazieren. Wir gingen Richtung Munt, über den Rokin, den Dam und dann am Nationalmonument vorbei zur Warmoesstraat. Nach hundert Metern nahmen wir eine Seitenstraße und waren auch schon da, in einem Teil Amsterdams, in dem vor nicht einmal einem Monat noch die Damen hinter den Schaufenstern zu begutachten waren wie das Fleisch beim Metzger – wo sich die Voyeure in Scharen wie bei einer Prozession über die schmalen Grachten und durch die engen Gassen drängten.

Das Konservatorium, an dem ich studiert habe, hatte hin und wieder ausländische Kollegen zu Besuch, denen wir die Stadt zeigen sollten. Das machten sie umgekehrt auch für Studenten aus Amsterdam. Natürlich wollte der Besuch zuallererst die Damen hinter Glas sehen, denn das gab es bei ihnen zu Hause schließlich nicht. Und natürlich musste ich genau dorthin, wenn ich selber Gäste hatte. Also immer wieder ins Rotlichtviertel zu den spindeldürren oder reichlich molligen Damen – dazwischen gab es offenbar nichts –, und wieder der Strom an Besuchern, Familien und Senioren tagsüber und am späten Nachmittag die halb betrunkenen Engländer. Nicht selten machte solch ein britischer Haufen dann wie auf Kommando vor einem bestimmten Schaufenster Halt. Offenbar flogen sie alle wie ein Mann auf die gleiche Frau und blieben allesamt plötzlich wie angewurzelt stehen.

Während der Pandemie war es den Sexarbeiterinnen – wie die politisch korrekte Bezeichnung für die Mädchen vom horizontalen Gewerbe lautete – nicht erlaubt, ihren Beruf auszuüben: zu gefährlich, zu groß das Risiko einer Ansteckung. Darüber war ausführlich in den Nachrichten berichtet worden. Und tatsächlich: Die Wallen ähnelten in nichts mehr den Wallen, wie ich sie kannte. Manche der Glastüren, hinter denen sich die Frauen bis vor Kurzem noch in Unterwäsche dargeboten hatten, gaben den Blick in die leeren, entseelten Zimmer der Prostituierten frei, bei anderen war der Vorhang zugezogen. Scheinbar für immer. Alles war grau, trist und farblos.

«Es sieht hier völlig verloren aus.»

Jan hatte recht. Ohne die roten Lämpchen war auch das letzte bisschen schmückendes Beiwerk verschwunden. Dieser Teil Amsterdams – auch wenn er einer der ältesten und schönsten der Stadt war – machte einen traurigen, abgetakelten Eindruck, so, als ob er schon nicht mehr zu retten wäre.

«Ja, unzählige Male vergewaltigt, und jetzt geht es nicht mehr ohne den Vergewaltiger.»

«Was sagst du da, Leo?»

«Ich weiß … Es ist ein unappetitlicher Vergleich, aber wie könnte ich es anders ausdrücken?»

«Ja …»

*

Die Handvoll Bewohner, die einsam standgehalten hatten, diejenigen, die nicht den Touristenströmen gewichen waren, die sich nicht in die Flucht hatten schlagen lassen, sie konnten ihr Glück kaum fassen. Allein schon auf dem Oudezijds Achterburgwal sah ich zwei Grüppchen, halb auf dem Bürgersteig, halb auf der Fahrbahn. Ich habe mir mal sagen lassen, dass es in anderen Städten als ordinär gilt, vor dem eigenen Haus zu sitzen, das gäbe es dort nur in weniger angesehenen Stadtteilen. In Amsterdam dagegen tut man in der Mittelschicht nichts lieber, man sieht dieses Verhalten sogar in den teuersten Vierteln der Stadt.

Die Männer und Frauen saßen auf Campingstühlen und tranken Weißwein – das machen Amsterdamer immer, wenn sie im Sommer auf dem Bürgersteig sitzen. Rosé geht aber auch. Die Zufriedenheit stand ihnen ins Gesicht geschrieben: Endlich konnten sie das tun, was in anderen Teilen der Stadt zum stinknormalen sommerlichen Zeitvertreib gehörte. Obwohl ich fast sicher wusste, dass sie an diesem Tag die Einzigen waren, denn es war ja noch relativ früh im Jahr und die Temperatur nicht besonders angenehm. Deshalb hatten sie sich warm angezogen. Ein kleiner, gedrungener Mann hatte sogar eine dicke Wolljacke an, die anderen trugen Winterpullover. Es war eher ein Wetter, bei dem man, anstatt draußen zu sitzen, lieber drinnen im Haus ein schönes Glas Rotwein trinkt, doch die unerwartete Gelegenheit, sich das eigene Viertel zurückzuerobern, offen miteinander reden zu können, etwas zu trinken und die wenigen Passanten zu grüßen, ließen sie sich nicht nehmen.

*

Klavierunterricht gab ich während der Pandemie kaum. Ein paar Monate lang war es regierungsseitig verboten, doch als man den Unterricht dann wieder erlaubte, beließ ich es trotzdem dabei. Ich habe mehr als anderthalb Jahre nicht gearbeitet. Im Laufe der Zeit hatte ich immer besser verdient, und da ich keine verrückten Dinge angestellt, sondern eigentlich immer eher sparsam gelebt habe, konnte ich jeden Monat etwas Geld zurücklegen. Schließlich hatte ich mehr als ausreichend Reserven, um die Pandemie in aller Ruhe auszusitzen.

Gleich nach der Verkündung des Lockdowns nahm ich Kontakt zu meinen Schülern und deren Müttern auf. Ich erklärte, dass ich mit Rücksicht auf ihre und meine Gesundheit lieber keinen Unterricht geben würde, solange sich das Virus noch herumtreibe und keine Medizin und kein Impfstoff dagegen vorhanden sei. Anschließend würden wir den Unterricht fortsetzen, als hätte es Corona nie gegeben. Fast alle hielten das für eine ausgezeichnete Idee. So brauchten wir nicht über mögliche Risiken nachzudenken, und sobald alles überstanden wäre, könnten sie mich gleich wieder engagieren. Denjenigen, die das anders sahen, machte ich ein großzügiges Angebot: Ich erklärte mich bereit, die Stunden gratis, sagen wir, als Freundschaftsdienst, fortzusetzen, würde dann aber Mundschutz und Handschuhe tragen und es schätzen, wenn die Schüler dies ebenfalls täten. Und selbstverständlich würden wir anderthalb Meter Abstand voneinander halten müssen.

Mehr als die Hälfte der Schüler, die das Angebot akzeptierten – oder vielmehr deren Mütter, denn die meisten Kinder fanden eine Unterbrechung gar nicht so schlimm –, merkte schon bald, dass es doch besser war, einfach das Ende der Pandemie abzuwarten. Binnen kürzester Zeit war die Gesamtzahl meiner Schüler auf eins gesunken. Dass es nicht null wurde, hatte vor allem mit den persönlichen Bedürfnissen der letzten Mutter zu tun. Sie suchte einen Corona-Gefährten und hatte dabei ihren Blick auf mich fallen lassen. Das kam mir nicht ungelegen, denn zusammen mit den Klavierstunden waren mir auch meine beiden Geliebten abhandengekommen. Jantien ersetzte sie – zumindest für den Augenblick.

Meine taufrische neue Konkubine hatte üppiges rotes Haar. Bei der ersten Klavierstunde trug sie noch flaches Schuhwerk, doch danach habe ich sie ausschließlich auf High Heels gesehen – sie strengte sich überdeutlich an, mir zu gefallen. Jantien war geschieden, was mich zunächst etwas kopfscheu machte, denn vielleicht würde sie in unserer Affäre mehr als nur ein kleines Abenteuer sehen. Um ganz ehrlich zu sein: Ich hatte keine Lust auf eine Beziehung mit ihr, eigentlich hatte ich überhaupt keine Lust auf eine Beziehung, mit wem auch immer. Zu meiner Erleichterung erklärte sie aber, dass mehr als eine lockere Affäre nicht zu ihren Zukunftsplänen passe, wobei mir nie so richtig klar geworden ist, was diese Pläne genau beinhalteten.

Einmal in der Woche war ich bei Jantien, um ihrem Sprössling Unterricht zu erteilen, die Fassade hielt sie gern aufrecht, und ein- oder zweimal die Woche kam sie nachmittags zu mir. Sie blieb nie lange, denn die Schule war geschlossen, und obwohl sie den Sohnemann während unserer Schäferstündchen bei einem Schulkameraden unterbringen konnte, wollte sie doch nicht das Risiko eingehen, dass er unerwartet nach Hause käme und dann niemand da wäre, der sich um ihn kümmern könnte.

So war ich während der gesamten Pandemie – abgesehen von den Spaziergängen mit Jan und meinen Nachmittagen mit Jantien – vor allem allein. Ich spielte Klavier, einfach zu meinem Vergnügen, las viel und begann, mir historische Dokumentarfilme anzusehen, Filme aus allen möglichen Bereichen, sogar zu sportlichen Themen, denen eigentlich nie mein Interesse gegolten hatte. Dass ich ausgerechnet auf Sport kam, war reiner Zufall. Ich entdeckte eine Dokumentarfilmserie, in der jeweils *ein* Jahr beschrieben wurde. Natürlich begann ich bei meinem Geburtsjahr und bewegte mich von dort aus in Richtung Gegenwart. Schon beim zweiten Film, dem über das Jahr 1968, stieß ich auf einen hysterischen Bericht über die Tour de France, das Radrennen, von dem Herr de Vries, unser Französischlehrer, einst mit so viel Begeisterung gesprochen hatte, was mir aber inzwischen völlig entfallen war.

Als ich mir eines Nachmittags bei einem etwas unbestimmbaren, trüben Wetter noch einmal den Triumphzug Jan Janssens ansah, konnte ich beinahe die Faszination Herrn de Vries' für den Radrennsport verstehen. Der Kommentator trieb den Rennfahrer förmlich mit Gebrüll zu seinem Sieg. Ich hörte ein Niederländisch, das altmodisch, um nicht zu sagen rundweg drollig klang, das französische Publikum trug Kleidung, die auch dort bereits seit Langem aus der Mode war, und der Sieger saß auf einem Fahrrad, mit dem man gegenwärtig keinen Wettkampf mehr gewinnen könnte – man sieht sie heute höchstens noch als Fortbewegungsmittel nostalgischer Pensionados. So wie Herr de Vries auf die Frankreichrunde gesehen und dabei an «La belle France» und «La France profonde» gedacht hatte, offenbarte sich mir eine ganze Ära durch den Fokus des Sports.

Jeden Tag sah ich mir eine dieser Dokumentationen an, manchmal sogar zwei. Über das Jahr 1980 erfuhr ich, dass auch noch ein zweiter Landsmann die Frankreichrunde gewonnen hatte. Das war zugleich unser letzter nationaler Toursieger gewesen: Jan Janssen und Joop Zoetemelk waren die einzigen. Bis zu diesem Moment. Schon bald geriet ich – auch zu meinem eigenen nicht geringen Erstaunen – ebenso sehr in den Bann von Dokumentarfilmen über aktuelle Sportereignisse, vor allem, was den internationalen Fußball betraf. Bis zum ersten Corona-Jahr hatte ich nie auch nur eine vage Vorstellung davon gehabt, wie es um diesen Wirtschaftszweig bestellt ist. Jetzt sah ich zu meiner Bestürzung, dass es dort um Milliarden ging, nicht als Redensart, sondern buchstäblich um Milliarden von Euro, und das war keineswegs das einzig merkwürdige Wesensmerkmal dieses Sports.

Die meisten Fußballvereine haben sich um Lichtjahre von dem gemächlichen Verein entfernt, der sie einst waren. Bei nahezu allen großen Klubs handelt es sich inzwischen um börsennotierte Unternehmen, oder sie sind Eigentum eines steinreichen Sponsors geworden. Russische Oligarchen, Ölscheichs und vermögende Chinesen haben bevorzugt irgendwo in Europa einen Verein gekauft und dann so viel Geld in ihn hineingesteckt, dass ihr Spielzeug gute Chancen hat, nationaler oder sogar Europameister zu werden. Alles ist käuflich, auch der Erfolg auf dem Fußballplatz.

Ausnahmespieler werden für bizarr hohe Ablösesummen ge- und weiterverkauft. Ihr neuer Verein sorgt dann für ein Apartment oder eine Villa, ihnen wird jemand an die Seite gestellt, der ihnen die Wege im neuen Vaterland ebnet, sollten sie über die Grenze transferiert werden. Selbstverständlich bekommen sie ein Sprachtraining, manchmal sogar einen eigenen Coach, der ihnen hilft, mit dem mentalen Druck fertigzuwerden. Die Stars stehen unter ständiger medizinischer Aufsicht, ihnen wird vorgeschrieben, wie sie sich zu ernähren haben, ihre Leistungen und ihre Effizienz auf dem Spielfeld werden in Statistiken festgehalten. Viele Spieler haben zusätzlich noch ein eigenes Team, das vor allem dazu da ist, Fotos oder andere Updates auf Facebook, Twitter und Instagram zu posten. Millionen von Fans sind süchtig nach Neuigkeiten über ihre Lieblinge. Ironischerweise hat die Welt der Spieler allerdings kaum noch Berührungspunkte mit dem blassen Universum, in dem ihre Anhänger leben: Im Laufe ihrer Karriere verlieren die Superstars, die «Titanen», jeglichen Kontakt zu uns normalen Sterblichen. Was übrigens nicht so merkwürdig ist: Ein Spitzenfußballer kann in einem Zeitraum von nur fünfzehn Jahren Hunderte von Millionen zusammenraffen.

Mit dieser wunderlichen Welt im Hinterkopf wurden die historischen Dokumentarfilme noch interessanter. Einst war dieser Sport ein sehr genügsamer Zeitvertreib. In den Sechzigerjahren, als sich der niederländische Fußball allmählich entwickelte und begann, international Furore zu machen, waren nur wenige Spieler in Vollzeit bei ihrem Verein angestellt. Manch einer hatte einen Job als Postbote oder Bauarbeiter und absolvierte seine Trainingseinheiten eher nebenher. Eine ganze Generation von Spielern betrieb neben dem Fußball noch einen Tabakladen. Das fand ich lustig: abends an einem internationalen Wettkampf teilnehmen und den Fans am nächsten Morgen krebserregenden Dreck verkaufen. Darüber musste ich herzhaft lachen, bis ich entdeckte, dass ein Großteil der Spieler ebenfalls geraucht hatte. Und dann wurde es noch rätselhafter: Johan Cruyff, der beste niederländische Fußballer aller Zeiten, der weltweit Ruhm und Bewunderung geerntet hatte – dieser Fußballer rauchte täglich mehrere Päckchen Zigaretten, qualmte also wie der sprichwörtliche Schlot. Er hörte erst damit auf, als er mit Anfang vierzig einen schweren Herzinfarkt erlitt. Natürlich vom Rauchen.

Ohne Corona hätte ich nie gewusst, dass Fußball so interessant sein kann. Bei mir hatte sich immer alles um die Musik gedreht. Die nationale und internationale Politik hatte ich zwar, wie auch die Kultur- und die Wirtschaftsnachrichten, ein bisschen verfolgt, doch der Sport war in all den Jahren komplett an mir vorbeigegangen. Ich war der Ansicht gewesen, dass es nur weniges gäbe, das langweiliger wäre, doch damit lag ich vollkommen falsch. Während draußen die Pandemie wütete, schaute ich mir sogar historische Fußballwettkämpfe an und sah, dass es damals auf dem Platz furchtbar langsam zugegangen war. Das Ganze hatte keinerlei Ähnlichkeit mit dem heutigen Fußball. Auch während der glorreichen Jahre, als die Niederlande Fußballgeschichte schrieben, trotteten die Spieler wie alte Männer über den Platz – nur ausnahmsweise rannten sie auch mal ein wenig. Für mich war das völlig rätselhaft, sogar die jetzigen Veteranen würden sich für dieses Tempo schämen.

Bis es mir zu dämmern begann: Ich saß da und schaute einem Haufen von Kettenrauchern zu. Kein Wunder also, dass alles so zeitlupenhaft wirkte.

Zweifellos hätte mein Bruder Johann da ohne Probleme mithalten können, aber er hat es nie weiter gebracht als bis zu einer, wenn auch sehr akzeptablen, Amateurmannschaft. Noch vor seinem Zwanzigsten musste er jedoch aufhören. Er war mit einem Gegner zusammengeprallt und hatte sich dabei schwer verletzt. Es war kein Foul, und beide Spieler wurden ausgewechselt. Johan erholte sich nur sehr langsam davon, doch zu Beginn der neuen Saison konnte er wieder mitspielen. Sechs Monate nach seinem Wiedereinstieg bekam er allerdings erneut einen Tritt, noch einmal gegen sein Knie, auf dieselbe Stelle. Diesmal sah es nach Absicht aus, doch der Schiedsrichter beließ es bei einem Freistoß, während mein Bruder am Arm eines Teamkameraden vom Platz humpelte.

In der Reha bekam Johan zu hören, dass er wegen seiner Verletzung im Alltag keinerlei Einschränkungen zu befürchten hätte, aber mit dem Fußball sei es vorbei. Selbst ein leichter Schlag, so der behandelnde Arzt, könne dem Gelenk den Rest geben. Sein Knie würde forttan anfällig für Verletzungen bleiben, er solle sich lieber nach etwas anderem umsehen, Schwimmen vielleicht, auf keinen Fall eine Kontaktsportart. Zwar habe ich nie eine besonders enge Beziehung zu meinem Bruder gehabt, aber ich glaube ihn gut genug zu kennen, um zu wissen, dass dies eine der schwierigsten Phasen in seinem Leben gewesen sein muss. Erst Jahre später konnte er darüber reden.

*

Alles in allem glitt ich ziemlich geräuschlos durch zwei Jahre Corona. Niemand aus meinem Bekanntenkreis infizierte sich, mit Ausnahme zweier befreundeter Pianisten, einem Ehepaar, das ich übrigens höchstens ein paarmal im Jahr sah. Eine Woche lang waren die beiden mehr oder weniger krank, aber nicht so sehr, dass sie auch nur in die Nähe eines Intensivbetts kamen. Die Horrorbilder von überfüllten Krankenhäusern, in denen die Patienten mit dem Mut der Verzweiflung gepflegt wurden, Bett an Bett, Reihe um Reihe, alle auf dem Bauch und in einem künstlichen Koma – das blieb für mich etwas, das ich nur aus dem Fernsehen kannte, und befand sich weit außerhalb meines Kokons aus Musik, Büchern und historischen Dokumentarfilmen.

Nach dem ersten Jahr fegte ein rauer Wind durchs Land: Die Pandemie zog und zog sich. Die Infektionszahlen, die Zahl der Bettenbelegungen auf den Intensivstationen und sogar die Regierungsmaßnahmen schnurrten wie ein Jo-Jo auf und ab. Und jedes Mal, wenn das Ende in Sicht schien, erhob die Bestie wieder ihr Haupt. Manchmal stürmisch, manchmal eher lustlos. Aber sie war immer präsent. Zahllose Landsleute begannen an Corona-Ermüdung zu leiden: Sie saßen auf der Couch und sahen fern, endlos und ohne überhaupt noch etwas zu sehen. Andere dagegen wurden aggressiv. Die bekannten Virologen, vor allem diejenigen, die regelmäßig in den Talkshows zu sehen waren, bekamen die volle Breitseite, manche von ihnen erhielten sogar Todesdrohungen.

Jeden Sonntag gab es Demonstrationen auf dem Museumplein. Immer wieder rückte die Mobile Einheit aus, und jedes Mal kam der Wasserwerfer zum Einsatz. Für mein Empfinden waren die Proteste ziemlich merkwürdig, denn die niederländischen Corona-Maßnahmen waren relativ großzügig und wurden noch großzügiger gehandhabt, insbesondere im Vergleich zu anderen europäischen Ländern. Die Polizei sah lieber weg, als ein Bußgeld zu verhängen. Teilnehmer an illegalen Partys wurden nicht umzingelt und in die Ecke gedrängt, sondern mit viel Tamtam vertrieben. Danach war es an der Stadtreinigung, den zurückgelassenen Müll im Wald, Park oder wo auch immer wegzuräumen.

Manchmal fuhr ich an einem sonnigen Tag mit dem Fahrrad durch die Stadt und sah dann Massen an Menschen, die sich im Vondelpark tummelten oder sich auf dem schmalen Grasstreifen an der Amstel sonnten. Einen Unterschied zu der

Zeit vor der Pandemie konnte ich nicht erkennen. Die meisten hatten ganz offensichtlich die Nase voll von der Anderthalb-Meter-Abstandsregel und gönnten dem Virus noch ein paar Bonusrunden. Aber schließlich war es dann doch vorbei: Ein Großteil der Bevölkerung war geimpft, viele hatten Corona gehabt, andere würden es nie bekommen, weil sie offenbar nicht dafür empfänglich waren.

Nach Ablauf der scheinbar ewigen Pandemie verlief das Ende seltsamer, als ich es mir vorgestellt hatte. Mit einem Mal brachen die Infektionszahlen ein und blieben unten, es gab keine Todesopfer mehr, die Intensivstationen der Krankenhäuser leerten sich und blieben leer. Von dem Jo-Jo-Effekt, der das Land während der gesamten Zeit im Griff gehabt hatte, war plötzlich nichts mehr zu spüren. Man sah sich gegenseitig verwundert an, als wäre ein Scheinwerfer eingeschaltet worden und als wisse man nun nach zwei Jahren der Finsternis nicht mehr so recht, wie man sich in dem gleißenden Licht verhalten solle.

Seltsamerweise blieb es noch ein oder zwei Monate lang totenstill, doch dann ging es los, ohne erkennbaren Anlass – vielleicht, weil es einfach eine sehr schwüle Nacht war und die aufgestaute Lebenslust sich dringend ein Ventil suchen musste. Der Dam bot daraufhin tagelang eine Bühne für schunkelnde, tanzende und saufende Menschenmengen. Der Alkoholdunst hing wie ein Glocke über dem Areal. Augenzeugen berichteten, dass es am Nationalmonument nachts und manchmal sogar am helllichten Tag zu Kopulationen gekommen sei – hinter der Mauer mit den Provinzwappen sei es heftig zur Sache gegangen. Nach drei Tagen setzte die Mobile Einheit dem Feiern ein Ende. Die Partygäste verteilten sich noch in derselben Nacht über die ganze Stadt.

Am nächsten Morgen sah ich – unsicheren Schrittes, aber eine Flasche Rum fest umklammert – ein Grüppchen Feiernder an meinem Haus vorbeiwanken. Kurz darauf mäanderten ein Mann und eine Frau mittleren Alters durch die Straße. Ihre Gesichter waren vollkommen ausdruckslos. Plötzlich drückte die Frau ihren Gefährten gegen die Hauswand und begann an seiner Hose zu zerren. Sie versuchte, den Hosenschlitz zu öffnen, war jedoch zu betrunken, um überhaupt noch etwas auf die Reihe zu bekommen. Im nächsten Moment hing sie wie ein Sack Kartoffeln in seinen Armen. Wie durch ein Wunder gelang es ihm, die Frau aufzufangen, doch darüber hinaus war er kaum noch zu irgendetwas imstande. Der Mann runzelte die Stirn, als würde er die Allgemeine Relativitätstheorie noch einmal durchrechnen – und ließ sie dann los. Die Frau glitt langsam aufs Straßenpflaster. Eine Sekunde lang sah er zu mir hinüber und dann wieder zu ihr, mit einem Ausdruck auf dem Gesicht, als sähe er Wasser flussaufwärts fließen.

All dieser Lärm auf der Straße erzeugte in mir das Gefühl, dass zwischen mir und der Welt eine Mauer erstanden und ich durch die Pandemie für immer aus dem Takt geraten war. Unmerklich hatte ich mich unendlich weit von der Herde entfernt. Oder vielleicht sollte ich es anders formulieren: Alles war mir fremd geworden. Obwohl auch das unbeholfen klingt. Vielleicht hatte ich es mir einfach nur in meinem kleinen Leben aus Büchern, Musik und historischen Dokumentarfilmen bequem gemacht.

Als ich den Mann und die Frau so stümperhaft herumhantieren sah, bekam ich sofort Mitleid mit den Ärzten und Pflegern in den Krankenhäusern, den Hausärzten, den Mitarbeitern der Gesundheitsämter, überhaupt mit allen, die zwei Jahre lang durchgängig gearbeitet hatten und nun zutiefst erschöpft oder bereits am Ende ihrer Kräfte waren. Sie konnten nun gleich wieder loslegen, denn nach dem unablässigen Pflegen, Testen und Impfen der vergangenen Jahre rollte jetzt nach dem Befreiungsfest eine venerische Lawine auf sie zu. Eine bunte Parade aus Tripper-, Syphilis-, HIV- und sonstigen Geschlechtskranken würde nun die Sprechzimmer und Behandlungsräume stürmen. Man gönnte dem medizinischen Personal keine Minute Ruhe. Dennoch, denn ehrlich ist ehrlich: Jan hatte von einem Freund gehört, dass auch so mancher Vertreter des Ärztestands und der Pflegeberufe mit vollem Einsatz am Festival der trunkenen Sinne teilgenommen hatte.

Das Leben, so heißt es, sei ein Fest, doch die Girlanden müsse man schon selbst aufhängen. Und tatsächlich, nachdem sich die Avantgarde auf dem Dam ausgetobt hatte, dauerte es nicht lange, und ganz Amsterdam war damit beschäftigt, seine Girlanden aufzuhängen. Es wurde ein Fest, das kein Ende nahm. Und schon bald kehrten auch die Touristen wieder zurück, zunächst tröpfchenweise, als müsse sich das Ausland erst noch daran gewöhnen, dass Amsterdam wieder eine offene Stadt war. Aber als man das dort erst einmal begriffen hatte, brachen im Laufe nur eines Jahres alle Dämme, und es war, als hätte es nie welche gegeben.

In einigen Zeitungen erschienen lange Artikel über die *Roaring Twenties*, die ausgelassenen, «goldenen» Zwanzigerjahre des vorigen Jahrhunderts – etwas Vergleichbares würde sich nun auch vor unseren Augen abspielen. Die Zeit nach Corona wäre vergleichbar mit der wilden Ära im Gefolge der Spanischen Grippe. Mich konnte das nicht überzeugen: Die Pandemie der zurückliegenden Jahre war höchstens ein matter Abglanz jenes Trauermarsches, der Ende 1918 eingesetzt hatte. Die Spanische Grippe war sehr viel tödlicher gewesen, sogar noch tödlicher als die Schlachtfelder des Ersten Weltkriegs, auf denen Millionen junger Männer ein vorzeitiges Ende fanden.

Die Epidemie war schon bald nichts weiter als eine vage Erinnerung, wohingegen der Erste Weltkrieg zum Brandmal des zwanzigsten Jahrhunderts wurde. Der Krieg, von dem 1914 noch alle geglaubt hatten, dass er in ein paar Monaten vorbei sein werde, entwickelte sich zu einem vier Jahre andauernden Albtraum aus grässlichen Wunden, zerfetzten Gliedmaßen und stinkenden Leichen. Nichts im behaglichen Bürgerdasein der Belle Époque hatte die Wehrpflichtigen und die Freiwilligen auf das Hundeleben in den Schützengräben von Verdun, Westflandern und an der Somme vorbereitet. Den unmenschlichen Dauerbeschuss, das Sperrfeuer der Artillerie, die Bombardements und die immer neuen Ausfälle mit aufgepflanztem Bajonett – niemand schien in der Lage zu sein, den Irrsinn zu stoppen. Irgendwann glaubte schließlich jeder, dass der Krieg fortdauern würde, bis auch der letzte Soldat gefallen wäre. Und doch war der Spuk Ende 1918 plötzlich vorbei.

Die grenzenlose Erleichterung und die Verwunderung darüber, das Inferno überlebt zu haben, wurden zum Treibstoff des Jazz-Zeitalters. Die Bentley Boys, junge Frauen mit Zigarettenspitzen, das Radio, die Filme, der Charleston und der Lindy Hop, die lockeren sexuellen Umgangsformen, verrückte Cocktails wie der Gin Rickey und der Fallen Angel waren die Elemente eines Festes, das fast zehn Jahre währte. Das hatte ich alles aus den historischen Dokumentarfilmen erfahren. Aber ich hatte dort ebenfalls gelernt, dass die treibende Kraft hinter den wilden Zwanzigerjahren vor allem die *jeunesse dorée* gewesen war, Kinder aus reichem Hause, die die Langeweile mit Musik, Alkohol und Sex zu vertreiben suchten.

Der größte Teil der Bevölkerung hatte auch während des Jazz-Zeitalters strampeln müssen, um über die Runden zu kommen, so wie man in diesen Kreisen immer schon hatte strampeln müssen: keine Zeit für Charleston und sicher kein Geld für einen Bentley. Ein Jahrhundert später hatten die Massen dann Geld, selbstverständlich nicht für einen Sportwagen der Millionärsklasse, aber doch genug, um auf Reisen gehen zu können. Und das taten sie denn auch, und zwar in großer Zahl. Vor hundert Jahren war hier und da ein Häuflein verwöhnter Jugendlicher durch die hauptstädtischen Etablissements gezogen: nicht mehr als ein paar Nachtschwärmer in den ansonsten totenstillen Straßen. Und nun rollte eine monströse Flutwelle auf Amsterdam zu und überschwemmte die Stadt: Menschenmassen ohne Ende, ganze Fußballmannschaften auf den Wallen, Bierbikes und Erbrochenes auf der Straße. Trinken, koksen, herumhuren: Tag und Nacht, das ganze Jahr hindurch. Und das trieb unseren Familienvater in den Wahnsinn.

Jan musste nach dem Ende der Pandemie wieder fast jeden Tag ins Büro, und schon bald gefiel ihm auch das besser als erwartet. Er vermisste zwar die Mittagessen mit Maya und den Kindern, aber es war jetzt wieder sehr viel einfacher, die Mitarbeiter zu beaufsichtigen und sich kurzfristig mit seinem

Vorgesetzten zu beraten. Unser Familienvater hatte seine Zeit im Homeoffice genossen, doch als er nun wieder täglich ins Büro fuhr, merkte er, dass er es vermisst hatte. Im Nu war er wieder an den alten Rhythmus gewöhnt. Woran er sich jedoch nicht mehr gewöhnen konnte, waren der Rummel und die betrunkenen Partygänger, die wieder in großer Zahl anlandeten und seine Stadt, sein Viertel und seine Straße in Beschlag nahmen. Nachdem es fast zwei Jahre lang paradiesisch ruhig gewesen war, konnte Jan es nun nicht mehr ertragen.

VERLORENE STADT

Als Jan den Umfang der Veränderungen erst einmal begriffen hatte, wurde er plötzlich wach und sah, dass sein Amsterdam – die Stadt, in der er aufgewachsen war und sein ganzes Leben verbracht hatte – so gut wie verloren schien und er mittlerweile auf einer Art Kirmes mit allerlei Schnickschnack lebte. Und das konnte er unmöglich akzeptieren.

Um einem möglichen Missverständnis vorzubeugen: Natürlich sah ich diese Dinge auch, Jan litt schließlich nicht an Wahnvorstellungen oder Sinnestäuschungen. Auch ich hatte bemerkt, dass die Stadt im Laufe der Zeit immer voller und lärmiger wurde, in manchen Vierteln allmählich, in anderen in rasendem Tempo. Auch ich hatte Amsterdam sich wandeln, drehen und kippen sehen. Die Stadt, wie ich sie seit meiner frühesten Jugend kannte, war dabei, für immer unterzugehen. Aber mich belastete das weniger als ihn, denn anders als unser Familienvater lebte ich am Rand des Stadtrings aus dem neunzehnten Jahrhundert und nicht im alten Zentrum. Um es kurz zu machen: Wenn ich mich in Richtung Innenstadt aufmachte, fuhr ich in den Karneval, während Jan inmitten des fröhlichen Treibens lebte. Und das war ein ziemlicher Unterschied.

Manchmal piesackte ich meinen alten Freund ein wenig und spottete, dass er selbst doch auch gelegentlich Urlaub mache. Ob er denn dabei schon einmal an die lokale Bevölkerung seines Urlaubsziels gedacht habe? Er antwortete dann, dass er bereits seit Jahren keinen Städtetrip mehr unternommen habe, das brächte er nicht übers Herz. Jan hatte Prinzipien und war skrupulös – anders als so mancher meiner Amsterdamer Mitbürger, der aus Herzenslust über die Touristen herzog und derweil im Ausland selbst die Sau rausließ. Von dieser Sorte kann ich mehr als genug Beispiele anführen, und übrigens auch von Unternehmern, die an den Touristen viel Geld verdienen und ihre Einkommensquelle dann mit einem moralischen Mäntelchen behängen, indem sie etwa behaupten, dass Reisen den Horizont erweitere und der Völkerverständigung diene. Obwohl ihre hauptsächliche oder vielmehr einzige Sorge dabei natürlich dem eigenen Portemonnaie gilt.

*

Im Laufe der Zeit hatte ich eine feste Routine entwickelt. Hin und wieder fuhr ich mit dem Auto zu meinen Schülern, doch meistens nahm ich das Fahrrad und nutzte dabei immer dieselben Verkehrsadern. Innerhalb des Autobahnrings rund um die Viertel aus der Vorkriegszeit diktiert das Wasser die Strecke. Man sollte meinen, dass man sich jeden Tag für eine andere Route entscheiden könnte und dabei jedes Mal ein unbekanntes Stück Amsterdam zu sehen bekäme, doch dem ist nicht so, denn man stößt immer auf irgendeine Gracht oder einen anderen Wasserlauf. Auswärtigen Besuchern habe ich es gern wie folgt erklärt: Die Amstel kommt von Süden aus in die Stadt und fließt dann mitten durch sie hindurch. Das Wasser trennt die Bebauung dabei in zwei Hälften, einen westlichen Teil und einen östlichen. Nehmen wir nun an, dass man von der einen Seite der Stadt zur anderen möchte: Wie viele Brücken hat man dann zur Auswahl? Antwort: keine zwanzig, ja, nicht einmal zehn, sondern nur ganze sechs. Nicht mehr. Das bedeutet, dass man auf dem Weg von Ost nach West oder von West nach Ost immer durch dieselben sechs Straßen fährt.

Die begrenzte Auswahl machte mir nichts aus, und sie hatte sogar ihre Vorteile. Da ich meine festen Strecken hatte, wusste ich genau, wo ich auf dem Weg zu meinem nächsten Schüler am besten eine Kleinigkeit essen oder eine Tasse Kaffee trinken konnte. Ich bevorzugte ganz normale Cafés – solange der Kaffee oder das Brötchen nur schmeckten, ich in Ruhe gelassen wurde und einen Augenblick verschnaufen konnte. Irgendwann, vielleicht vor fünfzehn Jahren, vielleicht ist es auch schon länger her, begannen meine festen Adressen allmählich zu verschwinden. Ein etwas altmodisches Café, in dem ich morgens gern einen Kaffee trank, bekam einen neuen Eigentümer, einen neuen Namen sowie eine neue Inneneinrichtung – und verkaufte fortan nur noch Fruchtsäfte. In tausend Variationen und zu schwindelerregenden Preisen. Dorthin ging ich also nicht mehr.

Ein nächstes Opfer der fortschreitenden Entwicklung der Menschheit war ein Lunchrestaurant im alten Westen der Stadt. Jeden Samstag saßen dort junge Leute auf den Holzbänken, lasen die Zeitung und tranken ihren Cappuccino, in der Hoffnung, den Kater der vorigen Nacht vertreiben zu können. Dieses Etablissement wurde eines Tages ebenfalls geschlossen, um es ein paar Monate später wiederzueröffnen, selbstverständlich unter einem anderen Namen. Das braune Interieur war durch glänzende weiße Tische und Stühle ersetzt worden. Bei der Speisekarte hatte sich der neue Chef von der mediterranen *fusion cuisine* inspirieren lassen – was immer das auch sein mochte. Nach dem Umbau glich das Lokal deutlich einem *expat watering hole*, einer Kneipe, in der sich die in der Stadt lebenden wohlhabenderen Ausländer treffen. Und auch die Preise waren danach: Schon die einfachste Mahlzeit kostete bedeutend mehr als das, was Jan und ich ausgaben, wenn wir etwas essen gingen.

Ebenso wie unser Familienvater sah und spürte ich, wie sich Amsterdam veränderte, wie Fremde große Teile der Stadt in Beschlag nahmen und wir herausgedrängt, vertrieben und verbannt wurden. Doch im Gegensatz zu Jan konnte ich mich darüber nicht besonders aufregen. Das verdankte ich der Musik, sie machte mich immun. Dank des Klaviers glitt der alltägliche Ärger einfach von mir ab. Natürlich dachte ich bei Musik sehr oft an Kinder, die zum x-ten Mal danebengriffen, an kleine Jungs, die keinerlei Talent hatten, und wenn sie es doch einmal hatten, völlig lustlos bei der Sache waren. Oder ich dachte an Mädchen, die das Instrument hassten, es aber wichtiger fanden, ihrer Mutter zu gefallen, so dass sie sich trotzdem durch die Übungen quälten.

Wenn man Klavierstunden gibt, kann man leicht den Blick auf die Musik verlieren. Das ist mir schon des Öfteren passiert. Trotzdem gab es immer wieder einen Moment, an dem ich zum Ursprung zurückgekehrt bin, meinem persönlichen Ursprung, zu dem, was mein Leben ausgemacht hat. Das klingt sentimental, ich weiß, aber ich kann es nicht anders beschreiben. Eigentlich habe ich mein Leben lang nur eines getan: Ich habe Klavier gespielt. Was auch immer geschah, stets zog es mich wieder zu meinem Instrument zurück. Jedes Mal aufs Neue wurde ich unwiderstehlich von dem Wunder angezogen, dass man durch etwas so Simples wie das Berühren einer Reihe weißer und schwarzer Tasten ein ganzes Spektrum an Emotionen zum Leben erwecken kann, das sich im Raum ausbreitet und alles durchdringt – den Geist, den Bauch, das Herz. Musik überbrückt die Jahrhunderte: Wenn ich ein Stück aus dem neunzehnten Jahrhundert spiele, bin ich im neunzehnten Jahrhundert. Nichts und niemand kann mir das nehmen.

Das Klavier hatte mich sofort gefangengenommen, von der ersten Unterrichtsstunde an. Mein Lehrer war schon über achtzig, als er unser Haus betrat. Ich dachte, er wäre geradewegs aus dem Pflegeheim gekommen, so alt und zerbrechlich wirkte er. Doch von dem Augenblick an, als er zu spielen begann, sah ich einen Mann, der in der Blüte des Lebens stand und dem Instrument mit seinem eleganten Anschlag eine Welt der Harmonie zu entlocken wusste. Auch wenn ich erst acht Jahre alt war und noch nicht in Worte fassen konnte, was mich so faszinierte – von dem Moment an stand ich im Bann des Klaviers und war ihm für den Rest meines Lebens verfallen.

In dieser ersten Stunde durfte ich nur zusehen. Mein Klavierlehrer zeigte mir, was ich bald alles können würde: Er spielte quälend langsam, dann wieder rasend schnell, theatralisch, um kurz darauf mit größter Zurückhaltung die Tasten zu streicheln. Er spielte sich durch die Musikstile, führte mich durch die Jahrhunderte und die verschiedenen Kontinente, und das alles nur, indem er einfach die Tasten berührte und hin und wieder die Pedale betätigte. Am Ende der Stunde sagte er, dass ich die Hände eines Klavierlöwen hätte. Ich glaubte ihm, ich glaubte überhaupt alles, was er sagte, und als er wieder aufstand, sah ich nicht mehr den alten Mann, der schlurfend den Raum betreten hatte, sondern jemanden, der etwas in mein Leben gebracht hatte, das dort für immer bleiben sollte.

So ist es gegangen, und so ist es geblieben. Auch wenn ich monatelang nur an Kinderhände denke und ihre Unwilligkeit, im richtigen Moment die richtige Taste zu berühren, wenn ich irgendwo unterwegs die Kraft der Musik nahezu völlig vergessen habe, so kommt doch immer wieder ein Moment, an dem ich meinen Flügel sehe, als wäre es das erste Mal. Dann setze ich mich hin und spiele, so wie ich immer gespielt habe. Manchmal studiere ich ein neues Stück ein, etwas Schweres, nur zu meinem Vergnügen, und dann fühle ich mich wieder wie der Jungspund, der strotzend vor Selbstvertrauen kurz davorsteht, eine olympiareife Leistung abzuliefern. Aber selbst das ist nichts, verglichen mit der wahren Magie der Musik: dass man mit ein paar einfachen Handbewegungen wie aus dem Nichts vergangene Jahrhunderte zum Vorschein bringen kann, dass in meinem Haus eine vollkommen andere Welt ersteht, die Lichtjahre von dem unheimlichen Universum entfernt ist, in dem ich soeben noch gefangen war. Denn das ist es: die Hektik, das Geschrei, die alten Amsterdamer Einkaufsstraßen, in denen es nur noch Nutella-Shops und Wok-you-go-Garküchen gibt – das Elend verschwindet gänzlich hinter der Musik.

*

Inzwischen bin ich fast sechs Wochen hier. All die Zeit über ist das Wetter wunderschön gewesen, wirklich herrliches Spätsommerwetter. Das ändert allerdings nichts daran, dass ich mich in einer merkwürdigen Position befinde. Gerade eben habe ich mich Ihnen gegenüber als Ihr Korrespondent aus dem Jenseits vorgestellt, und das war mindestens zur Hälfte ein bitterer Scherz, denn die Wahrheit ist, dass ich herzlich wenig zu berichten habe. Eigentlich habe ich so gut wie nichts gesehen, das die

Mühe des Berichtens wert wäre. Ich bin da, wo ich immer war, in derselben Stadt mit denselben Straßen. Allein, ich schwebe ein wenig über der Erde, unsichtbar für die Lebenden, selbst dann, wenn wir uns gemeinsam in einem Raum aufhalten.

All die Zeit seit dem Anschlag habe ich mich damit abfinden müssen, dass ich nicht einmal eine dunkle Ahnung davon habe, was ich hier eigentlich tun soll und überhaupt tun kann. Eigentlich weiß ich nicht einmal, was ich tun möchte. Klar, ich würde mit meinem neuen körperlosen Körper gern einmal meine Nachbarin unter der Dusche beobachten, und das habe ich auch schon gemacht, doch dazu gleich mehr. Erst muss ich etwas darüber gestehen, was mit mir los ist, oder eigentlich, dass ich keine Ahnung habe, was mit mir los ist. Erwartet man irgendetwas von mir? Keiner, der es mir sagt. Ich sehe Leidensgenossen, aber die wissen es auch nicht: Sie verkehren in demselben Zustand der Unwissenheit wie ich. Andere wiederum scheinen zwar etwas zu wissen, sind aber verschlossen wie der Tresor der Bank von England. Sie erzählen mir nichts. Und den ehemaligen Bürgermeister von Meerloo habe ich nach dem einen Mal auch nicht mehr wiedergesehen. Warum er sich überhaupt die Mühe gemacht hat, den Bericht seines Untergangs mit mir zu teilen? Ja, warum eigentlich, wenn er sowieso nicht vorgehabt hatte, mir auf die Sprünge zu helfen?

Wenn ich ganz ehrlich bin, muss ich gestehen, dass das Jenseits eine einzige Enttäuschung ist. Es macht Spaß, ein wenig in der Zeit hin- und herzureisen, und es macht Spaß, in die Köpfe der Lebenden schauen zu können. Das ist wahr. Manchmal ist das wirklich aufregend, doch bei anderen Gelegenheiten verwirrt es mich eher. Diejenigen, die schon etwas länger tot sind, können besser damit umgehen. Sie haben, glaube ich, keine Probleme damit, ihre eigenen Gedanken und Erinnerungen von dem getrennt zu halten, was den Lebenden durch den Kopf geht, aber ich bin noch nicht so weit. Manchmal, wenn ich zu einem Vorfall zurückkehre, der sich ein paar Monate vorher abgespielt hat, und alles aufs Neue erlebe, weiß ich nicht, ob es nun meine eigenen Gedanken sind oder die Gedanken desjenigen, in dessen Kopf ich in dem Moment stecke. Ich verstehe schon, dass das ein bisschen albern klingt, aber aller Anfang ist schwer. Das nehme ich zumindest an.

Wirklich seltsam wird es, wenn ich mich im Kopf eines anderen befinde und fühle, was er oder sie über mich denkt. Das ist lustig, manchmal aber auch beunruhigend. Eine gute Freundin von mir entpuppte sich dabei kürzlich erst als keineswegs so gute Freundin, wie ich immer gedacht hatte, und eine weniger gute Freundin war schon seit Jahren, ohne dass ich es wusste, verliebt in mich gewesen. Warum war mir das entgangen, als ich noch lebte? Ich hätte es gern gewusst. Doch wie hätte ich es wissen können? Jetzt, wo ich es weiß, ist es zu spät. Es erinnert mich an den Witz über die verschiedenen medizinischen Fachrichtungen: Ein Hausarzt weiß nichts und tut nichts, ein Internist weiß alles, aber tut nichts, ein Chirurg weiß nichts, tut aber alles, und ein Pathologe weiß alles und tut auch alles – nur vierundzwanzig Stunden zu spät … Ja, man hat gut lachen, wenn man selbst nicht betroffen ist.

Einmal abgesehen von solchen emotionalen Turbulenzen ist es hier reichlich langweilig. Wie ich eben schon bemerkt habe, bekomme ich nicht einmal auf die einfachsten Fragen eine Antwort. Muss ich weiterziehen? Jetzt oder erst demnächst? Das weiß wohl nur der liebe Gott. Aber das ist auch so etwas: Ich bin ihm noch gar nicht begegnet. Keine Ahnung, wo er ist, wirklich, ich habe keine Ahnung, nicht einmal, ob es ihn überhaupt gibt.

Trotzdem ist dieses seelenlose Kaffeekränzchen eine Riesenerleichterung für mich. Als ich noch lebte, bekam ich allein schon bei dem Gedanken an den Tod Anfälle. Wenn man das Leben, wie auch ich es bis vor Kurzem tat, als ein rein biologisches Phänomen betrachtet, gibt es nach dem Sterben nichts mehr. Man schließt die Augen, oder sogar nicht einmal das, und der Körper löst sich langsam auf, so als wäre er ein faulender Apfel. Der Geist, die Person, all das, was diesen Leo zu Leo gemacht hat, ist dann schon weg, verschwunden, und kommt nie mehr zurück.

Manche sagen, Sterben sei schlimm: der Schmerz, die Verwirrung, das Röcheln und Zucken, die blinde Panik. Doch anschließend herrsche Friede. Ich fand diesen Gedanken immer schon ziemlich naiv: Das ist der Blick von außen, die Sicht der Hinterbliebenen, der Umstehenden, derjenigen, die weiterleben. Ein griechischer Philosoph, Epikur war es, glaube ich, ging noch einen Schritt weiter und sagte einmal: «Solange wir existieren, ist der Tod nicht da, und wenn der Tod da ist, existieren wir nicht mehr.» Das sollte einen trösten, zumindest war es wohl so gemeint, aber was mich betraf, schoss es völlig am Ziel vorbei. Der Gedanke, dass ich eines Tages nicht mehr da sein sollte, machte mich auf der Stelle schwer depressiv. Denn das Problem ist: Sterben bedeutet, dass es einen nicht mehr gibt, nicht mehr geben wird und nach zehn oder zwanzig Jahren, wenn alle einen vergessen haben, eigentlich auch nie gegeben hat. Der Tod ist nichts Fassbares, er ist kein Zustand, er ist einfach nur das Große Nichts. Es ist nicht so, dass man in die ewige Nacht eintritt und dann ein wenig im Dunkeln herumirrt, sondern man tritt nirgendwo ein, in gar nichts, sondern löst sich einfach auf, obwohl man zu Lebzeiten noch der Mittelpunkt, das Alpha und das Omega des Universums war. Das ist das Drama, das Unbegreifliche, der existentielle Horror. Dachte ich, bis ich hier landete.

Der Gedanke, dass das Leben endlich ist, trieb mir regelmäßig den kalten Angstschweiß aus den Poren. Man hört schon mal von Leuten, denen es nichts ausmacht, Strenggläubigen etwa. Thomas Mann, der große Schriftsteller, hatte, wie man hört, ebenfalls keine Probleme mit Todesangst. Noch auf dem Sterbebett zeigte er sich von seiner altvertrauten stoischen Seite. Der Achtzigjährige empfand nichts mehr für sich selbst. Er hatte sein Leben dazu genutzt, es zu reproduzieren, war in Tausenden und Abertausenden von bedruckten Seiten aufgegangen, und am Ende der Reise war es dann gut für ihn. Das klingt schön und beruhigend, aber dieser Seelenfriede ist einem einfachen Klavierlehrer leider nicht gegeben. Da ist nichts, worin ich aufgegangen bin, nicht einmal in der Musik. Die Musik war in mir, aber nur, solange ich lebte.

Als ich, anstatt über dem Erdboden zu schweben, noch ganz normal zu Fuß unterwegs war, konnte ich mir nichts Schrecklicheres vorstellen, als eines unseligen Tages gesagt zu bekommen, dass ich nicht mehr lange zu leben hätte. Dass irgendetwas in meinem Körper gerade aus dem Tritt wäre, das nun langsam, aber sicher, wie eine Art Kuckucksjunges, die gesunden Zellen verdränge. Dass die Mutationen, die mein Körper hervorgebracht hätte, nun denselben Körper gnadenlos aushungerten. In einem solchen Moment, so stellte ich mir vor, würde ich in eine bodenlose Einsamkeit sinken: Ab sofort wäre man kein Teil der Gemeinschaft lärmender und gesunder Menschen mehr, sondern ausgeschlossen, mit einem Schlag in die Kälte hinausgejagt. Und der Arzt würde mir sagen, dass er nichts mehr für mich tun könne. Vielleicht hätte es noch eine Chance auf Heilung gegeben, wenn ich früher gekommen wäre, aber jetzt wuchere es überall – leider gebe es für mich keine Rettung mehr. Voller Mitgefühl würde er mich ansehen, während seine Gedanken bereits um den nächsten Patienten kreisten und sein Gesichtsausdruck sich langsam von einem «Ich fühle mit Ihnen» in Richtung eines «Die Besprechung ist beendet, gibt es sonst noch was?» bewegte.

*

Wenn ich nicht an diesem Ort gelandet, sondern komplett verschlungen worden wäre, Körper *und* Geist, wenn das Sterben also so vonstatten gegangen wäre, hätte ich es nicht einmal bemerkt. Das Flammenmeer umgab mich, bevor ich wusste, wie mir geschah, bevor ich auch nur einen Pieps von mir geben konnte. Ja, es gab nicht einmal Zeit für den Klassiker aus dem Sterbeprotokoll, wonach das Leben wie ein Film an einem vorbeizieht. Ich habe nichts gesehen, rein gar nichts: keinen Film, kein grelles Licht, keinen Gott … Auch nichts von den Höhepunkten aus der Literatur zu diesem Thema. Die Mandalas von achtundfünfzig erzürnten und zweiundvierzig günstig gestimmten Göttern, wie sie das Tibetanische Totenbuch feierlich verspricht – nichts, absolut nichts. Osiris und Ammit aus dem Ägyptischen Totenbuch – dasselbe in Grün. Über die großen monotheistischen Religionen aus dem Nahen Osten hatte ich schon gesprochen: weit und breit kein Gott zu sehen … Offenbar darf ich das alles also selbst herausfinden.

Dennoch gibt mein Zustand Anlass zur Hoffnung, denn es ist noch nicht vorbei mit mir. Noch nicht. Man kann nicht nur von einer Nachspielzeit oder Verlängerung sprechen, sondern vielleicht sogar von einem neuen Spiel. Aber was erwartet man von mir, das ich tun soll? Soweit ich weiß, habe ich schon mehrfach über das Problem gesprochen. Kürzlich hat es mich sogar fast verrückt gemacht, und da habe ich gedacht: Sollte das hier, die quälende Ungewissheit, vielleicht die Hölle sein? Bin ich vielleicht auf der falschen Seite gelandet und werde jetzt seelisch gepeinigt? Nach einigem Nachdenken schien mir das jedoch nicht logisch zu sein, denn welchen Sinn hätte eine Strafe, wenn man nicht einmal weiß, wofür man bestraft wird? Und damit wären wir wieder am Anfang: Keiner, der mir hier mal irgendetwas erklären würde …

Inzwischen fährt die Welt schamlos in ihrem täglichen Klein-Klein fort. Ich kann alles sehen, für mich gibt es keine Geheimnisse, und ich sehe, dass alle weiterhin das tun, womit sie schon immer beschäftigt waren. Sie sagen: «Das Leben geht weiter», und das hört sich sehr philosophisch und sogar empathisch an, doch sie denken dabei nur an sich. Die Erde hört nicht auf, sich zu drehen, es gibt noch immer Tag und Nacht, und die Menschen erledigen nach wie vor ihre täglichen Einkäufe. Gibt es jemanden, dessen Leben für immer beschädigt ist, weil es mich nicht mehr gibt? Natürlich nicht. Mehr noch, es scheint keinem etwas auszumachen, dass ich tot bin. Das ist schon eine ernüchternde Erfahrung. Nur eine kleine Handvoll Leute war zu meiner Beerdigung erschienen, und es sah bei ihnen auch noch verdächtig nach einer Pflichtveranstaltung aus. Das erinnert mich übrigens daran, dass ich noch gar nicht von meiner Beisetzung erzählt habe, aber dazu gleich mehr.

Nehmen wir mal an, ich wäre tatsächlich verschwunden und nicht in diesem komischen Schattenreich gelandet, dann wüsste ich nicht einmal von dieser Gleichgültigkeit. Wer ein Leben rettet, rettet eine ganze Welt, erinnere ich mich. Na ja, keiner will irgendetwas retten. Täglich geht eine Welt nach der anderen verloren, und wer tut etwas dagegen? Gibt es überhaupt jemanden, den es kümmert? Nein, nicht wirklich. Das weiß ich jetzt, aber das Wissen kommt zu spät. Denn ich bin schon weg, tot, verschwunden, ad acta gelegt, und niemand scheint dafür auch nur ein kleines bisschen Ergriffenheit aufzubringen. Der Anschlag hat da übrigens keinen Unterschied gemacht. Ein paar Tage lang standen die Zeitungen voll davon, und auch im Fernsehen gab es ständig irgendeine Sondersendung zu dem Terrorakt, doch das ebbte schnell ab. Noch bevor ich richtig unter der Erde lag, begann das Interesse schon abzuflauen.

*

Aber ich will aufhören zu klagen. Weiter mit Jan, denn schließlich geht es hier um ihn. An einem Sonntag, ein paar Tage nach unserem Gespräch über Touristen auf Fahrrädern, spazierte er abends durch die Stadt. Dem Kalender nach war es schon Herbst, aber das sonnige, unbeschwerte Wetter passte eher zum Spätsommer. Dennoch hatte der Tag begonnen, als stünde der Herbst schon in voller Blüte. Gleich nach dem Aufstehen war Jan ans Fenster getreten und hatte nur Nebel gesehen – sein üblicher Ausblick, die Türme des Rijksmuseum mit ihren pyramidenförmigen Dächern, war völlig verschwunden. Keine zehn Meter vor ihm stand eine undurchdringliche weiße Wand. Jan wusste, dass es einer der seltenen Tage war, an denen die Stadt unter einer Glocke liegt und völlig in sich gekehrt ist. Seine Frau lag schräg im Bett, mitten in einem wilden Gewirr aus Laken, der hauchdünnen Bettdecke und einer losen Decke. Er streichelte ihre Schulter. Maya brummte wie ein missmutiger Bär, für sie war es noch viel zu früh. Als Langschläferin hatte sie morgens keine Lust auf Faxen. Jan küsste ihren Hals und stieg unter die Dusche.

Am späten Nachmittag löste sich dann der Nebel auf, und die Sonne schien ebenso überschwänglich wie in den Monaten zuvor. In den paar Stunden zwischen dem Sich-Öffnen des Nebelvorhangs und dem Einbruch der Dunkelheit wurde es noch einmal fast tropisch warm, und auch danach kühlte es kaum ab. Die Hitze lag träge in der Straße, als Jan das Haus verließ, um ein paar Flaschen Wein zu kaufen. Ohne sich zu beeilen, spazierte der Familienvater durch das Viertel, in dem er nun schon mehr als zwanzig Jahre wohnte, schlenderte zur Gracht und blickte aufs Wasser, das schwarz und still zwischen den Kais stand. Er sah sich um, ließ seine Blicke an den antiken Laternenpfählen entlangwandern und spürte, dass ihn eine wohlige Ruhe überkam. Tief in ihm öffnete sich etwas, und unwillkürlich setzte ein Strom der Erinnerungen ein: an die Schule, an sein erstes Haus und an die endlosen Sommer in der Stadt.

Hinter der Gracht lag die Spiegelstraat mit ihren Antiquitätengeschäften und Kunstgalerien. Tagsüber war die Straße voll von Spaziergängern und Radfahrern, die halbe Welt versammelte sich hier, und am Abend war es normalerweise auch nicht viel anders: Straße und Bürgersteig schienen für immer von den Menschenhorden aus aller Herren Länder annektiert worden zu sein. Doch jetzt war es dort still, so still, wie es nicht einmal während der Pandemie gewesen war. Nur weit in der Ferne sah er zwei Fahrradfahrer in seine Richtung kommen – eindeutig Einheimische, die Art und Weise, wie sie ihr Fahrrad lenkten, war unverkennbar amsterdamerisch. Sonst aber sah er niemanden, er war allein, in einem Teil der Stadt, in dem an normalen Tagen fast mehr los war als am Oxford Circus in London.

Vor dreißig Jahren konnte es passieren, dass man als Einziger durch eine schummrig beleuchtete Straße ging. Das schien eine Ewigkeit her zu sein, doch Jan hatte es noch erlebt. Und jetzt kehrten diese Zeiten wieder. Er sah es buchstäblich vor sich. Langsam hatte unser Familienvater das Gefühl, wieder freier atmen zu können. Alles fühlte sich besser an, leichter, und er wusste: So will ich es haben, und so soll es bleiben. Seine Gedanken wanderten zu den abscheulichen rotweißen Buchstaben, die bis vor einiger Zeit an einem der schönsten Orte der Stadt gestanden hatten, in der Nähe des Rijksmuseum. IAMSTERDAM, ein dümmliches Wortspiel mit I AM AMSTERDAM. Die Stadt hatte die riesigen Buchstaben aufgestellt, und die Touristen nutzten sie, um dort, wo sie ihre Blicke auf den Museumplein, das Van Gogh Museum, das Stedelijk Museum und das Concertgebouw richten konnten, ein Foto von sich zu machen oder, ganz altmodisch, machen zu lassen.

IAMSTERDAM, dachte Jan, was denn: IAMSTERDAM? Ja, ihr meint wohl Amsterdamned. Amsterdamn-it … Aber wer ist denn hier wohl Amsterdam? Um sich gleich darauf selbst die Antwort zu geben: Das bin ich, ich lebe hier schon mein ganzes Leben, ich bin mit dieser Stadt verwachsen. Und ich will die Stadt zurückhaben, ich will meine Stadt zurück. Er sah sich um, lauschte der Stille in der Straße und spürte plötzlich einen leisen Windhauch. Die Brise ließ seine Nackenhaare erzittern, und Jan beschloss: Von jetzt an wird alles anders. Das bin ich mir selbst und den übrigen Amsterdamern, den echten Amsterdamern, schuldig. Hier stehe ich, an dieser Stelle, jetzt, an diesem Tag, und kann nicht anders. Ich will nicht anders.

*

Dieser Sonntagabend im Frühherbst war der Beginn eines neuen Kapitels. Die Menschen um Jan herum sahen, dass er sich rasch veränderte. Auf der Arbeit verließ er nach acht Stunden seine Dienststelle und blieb nicht mehr, wie früher, bis abends im Büro, um Mails zu schreiben oder Mitarbeiter zu Hause anzurufen und mit ihnen noch schnell eine wichtige Akte durchzugehen. Das Feierabendbierchen mit Kollegen stand ebenfalls nicht mehr auf der Agenda. Um fünf Uhr war Schluss, und er ging so schnell wie möglich nach Hause. Dort nahmen seine Frau und die Kinder ebenfalls Veränderungen an ihm wahr: Jan zog sich gleich nach dem Abendessen in sein

Dachstübchen zurück, das er nach der Pandemie zunächst kaum noch genutzt hatte.

Anfangs glaubte Maya, dass er dort nur seiner Arbeit für die Gemeinde nachgehe und noch ein paar Dinge erledigen müsse. Sie stellte keine Fragen, warum sollte sie auch? Aber schon bald ließ Jan durchblicken, dass er nicht mit seiner Arbeit, sondern mit etwas Neuem beschäftigt sei: Er denke über Amsterdam nach. Maya konnte mit dieser Bemerkung wenig anfangen, doch sie beließ es dabei: Wenn es wichtig wäre, würde er ihr schon bald mehr erzählen, glaubte sie. Darauf vertraute sie. Denn sie kannte Jan schon so lange.

Unser Familienvater verlor unterdessen immer mehr den Kontakt zu anderen Menschen. Der Einzige, der ihn regelmäßig, sogar häufiger als zuvor, zu sehen bekam, war sein guter alter Freund Leo. Also ich. Vielleicht sah er in mir sogar so etwas wie einen Handlanger. Das war zumindest mein Eindruck. Der neue Jan schien jedenfalls sehr viel besser zu begreifen, was los war, als der Mann, der sich bis vor Kurzem noch tief in seine Arbeit vergraben und in seine Familie zurückgezogen hatte, ein Mann, der seine Umgebung nicht mehr wirklich wahrnahm.

*

«Was werden wir dagegen unternehmen? Können wir überhaupt etwas dagegen tun?», fragte Jan, als wir ein halbes Jahr später in einem der altvertrauten Restaurants in seinem Viertel nach einem freien Tisch suchten. Natürlich vergeblich. Die Kellnerin, die noch vor gar nicht langer Zeit fast buchstäblich auf dem Zahnfleisch gekrochen war, hatte man inzwischen durch eine andere ersetzt. Die neue Bedienung sah jedoch auch schon übermüdet aus und schien uns nicht einmal wahrzunehmen.

Verdrossen zogen Jan und ich weiter zum erstbesten Esslokal, das nicht gerammelt voll war, und landeten in einem Tandoori-Restaurant, das offenbar noch nicht vom modernen Reisenden entdeckt worden war. Das Lokal war so gut wie leer, und auch wenn wir beide nicht zu den Liebhabern der indischen Küche gehörten, beschlossen wir, es dann eben hier zu versuchen.

«Um auf deine Frage von eben zurückzukommen: Nein, wir können nicht viel tun», sagte ich, als wir endlich saßen. «Es gibt nicht viel, das wir dagegen unternehmen können.»

Jan kratzte sich am Hals, an dem mehrere rote Flecken zu sehen waren, die mir bisher noch gar nicht aufgefallen waren.

«Ja, ja … wahrscheinlich hast du recht, wir können nicht viel tun. Das ist die Aufgabe der Stadtverwaltung, und die ist ganz offenbar besetzt mit schwachbegabten Typen, die glauben, dass man die halbe Welt einladen kann, dass man die Stadt vollstopfen kann und Amsterdam dann trotzdem noch das gute alte Mokum bleibt: ein Dorf im Format einer Weltstadt. Aber das ist natürlich nicht so. Das muss ich dir ja nicht erklären.»

«Nein, das brauchst du mir nicht zu erklären», sagte ich und wunderte mich über die harschen Worte, mit denen er die Amsterdamer Beamten, immerhin seine Kollegen, bedachte – um nicht zu sagen: ohne Mitleid abservierte. Ich dachte an meine sanftmütige Nachbarin, die bei der Stadtverwaltung arbeitete. Schwachbegabt? Sie sollte schwachbegabt sein? Hatte Jan kein Verständnis für das Dilemma, dem sich die Kollegen in Amsterdam ausgesetzt sahen? Oder verstand er im Gegenteil besser als jeder andere, dass im Kreml an der Amstel – wie das Rathaus hin und wieder halb spöttisch, halb herabwürdigend genannt wurde – Stümpern zur Tätigkeitsbeschreibung gehörte? Man sollte es, im Lichte der Skandale und der Misswirtschaft, die dort seit jeher die Norm sind, fast meinen. Trotzdem könnte ich es nicht mit Sicherheit sagen. Ich verstehe etwas von Musik, und ich verstehe etwas von Frauen, aber damit hört es dann auch schon auf. Raumordnung, Infrastruktur, Matrixmanagement, Informationspolitik, Budgets – alles Begriffe, die Jan schon mal fallen ließ, aber die mir herzlich wenig sagten. Mehr noch, die mir alle gestohlen bleiben konnten. Ich liebe Musik, und ich liebe die Frauen.

«Es gibt noch mehr Sachen, die man im Rathaus nicht begreift», fuhr Jan fort, «beispielsweise ... Man kann es den Leuten natürlich so schwer wie möglich machen, mit dem Auto hierherzukommen, und das versucht die Stadtverwaltung Tag für Tag. Aber auch Touristen, die mit dem Flugzeug, dem Zug oder dem Bus anreisen, sorgen für Probleme auf den Straßen. Sie wollen alle etwas essen, und das muss nun mal an die Supermärkte und Restaurants geliefert werden. Ich weiß nicht, ob es dir schon aufgefallen ist, aber in fast jeder Straße sieht man irgendwo einen Lieferwagen vor einem Esslokal oder einem Hotel stehen, um neue Vorräte anzuliefern. Und keiner kommt an ihnen vorbei, sogar für Fahrradfahrer ist es fast unmöglich, sich daran vorbeizuquetschen, Motorroller stecken fest, und Motorradfahrer kommen schon gar nicht durch ...»

«Ja, das ist mir in letzter Zeit auch schon aufgefallen», sagte ich, während sich sein Gesicht weiter verfinsterte, «und überall wird in Amsterdam gebaut oder renoviert. Da stehen dann auch wieder Lkws, Transporter, Kräne und Bagger. Und sie stehen immer im Weg.»

«Immobilien sind inzwischen Gold wert. Es lohnt sich, sie zu renovieren, auch wenn es teuer und sogar richtig teuer ist ... Das habe ich selbst feststellen können.»

Ich nickte, aber es schien, als würde Jan es gar nicht wahrnehmen. Ohne sich um irgendetwas zu kümmern, fuhr er fort.

«Ich habe für den Umbau meines Hauses viel Geld ausgegeben. Aber heute denke ich: Das war alles für die Katz, denn das Haus steht nicht mehr in meiner Stadt. Das Haus gibt es zwar noch, aber die Stadt, in der es mal gestanden hat, ist verschwunden, weg, eingenommen von den Barbaren und ausgeplündert wie das alte Rom kurz vor dem Untergang.»

«Warum ziehst du dann nicht weg? Dein Haus mit Grundstück muss doch ein Vermögen wert sein. Im Osten des Landes kriegst du dafür ein komplettes Landgut. Oder ansonsten immer noch eine Villa in der Nähe deiner Arbeit. Warum bleibst du also hier, wenn dich das alles dermaßen ärgert.»

«Ich will hier nicht weg, und Maya und die Kinder wollen es auch nicht. Das ist meine Stadt. Warum sollte ich vor den Fremden fliehen, die wie die Heuschrecken angeflogen kommen?»

«Ja, was soll ich dazu sagen?»

«Weißt du, Leo, vor vier oder fünf Jahren saß ich mal an einem Nachmittag in einer überfüllten Straßenbahn … Nein, das ist unmöglich, denn damals war Corona …»

«Ja, vor fünf Jahren steckten wir mitten in der Pandemie. Vielleicht war das vorher?»

«Ja, das wird wohl vorher gewesen sein. Jedenfalls … Vor Jahren saß ich mal nachmittags in einer überfüllten Straßenbahn und hörte, wie eine gepflegte ältere Dame aus Den Haag ohne mit der Wimper zu zucken erzählte, dass sie mindestens ein paarmal die Woche nach Amsterdam käme. Alles sei so nett hier, und *so* gemütlich. Aber wohnen würde sie hier niemals wollen, sagte sie, knöpfte den Mantel zu, rückte ihr Haager Hütchen zurecht und strich gedankenverloren über ihre Brosche. Um in Amsterdam zu wohnen, sei es für ihren Geschmack viel zu turbulent. Ich dachte: Ja, findest du das komisch? Es ist hier so turbulent, weil du nicht in deiner eigenen Stadt bleibst. Wenn jeder Hans und Franz hierherkommt, weil es in Amsterdam so nett und so gemütlich ist, hier aber wegen des Trubels nicht wohnen möchte, ist der Amsterdamer, der hier wohnen muss und sich nicht später am Nachmittag in seine Klause irgendwo außerhalb der Stadt zurückziehen kann, der Gelackmeierte. Dafür muss man nicht studiert haben, um das zu begreifen.»

«Nein, das versteht jeder …»

«Tut mir leid, Leo, aber ab und zu werde ich …»

«Was willst du eigentlich?»

«Ich will meine Stadt zurückhaben.»

«Und wie willst du das anstellen?»

«Weißt du … Ich werde mich mal ein bisschen umschauen, einfach so, in Bibliotheken und im Internet. Manchmal stößt man da auf die merkwürdigsten Sachen. Merkwürdig, aber praktisch. Vielleicht komme ich dabei ja auf eine Idee, mit der sich etwas anfangen lässt.»

Jan sah aus dem Fenster des Restaurants auf die gegenüberliegenden Häuser. Auf dem Pflaster standen große Pfützen, weil es gerade heftig geregnet hatte. Ein Stück von uns entfernt war eine Gruppe junger Frauen unterwegs, eigentlich noch Mädchen, die in rosa Tücher gehüllt waren, wahrscheinlich gedacht als hippe Sarongs, die ihnen nach dem Wolkenbruch nun allerdings trostlos an den Körpern klebten. Wie es aussah, froren sie: Es war frisch, fast winterlich kalt, das Frühjahr schien noch endlos weit entfernt, auch wenn es laut Kalender längst begonnen hatte. Und immer wieder gab es Regenschauer.

Trotz des trüben Wetters sangen die Damen mit lauter Stimme und waren bis ins Restaurant hinein zu hören. Als ein Windstoß unvermittelt ihre primitive Kleidung erfasste und hochwehte, legte er unappetitlich weiße Beine frei. Die Mädchen hatten allesamt ein rotes Herz auf den Wangen und hielten eine Dose Bier in den Händen. In ihrer Mitte lief ein Gnom mit weißem Tüll um den Kopf. Kein Zweifel, das war eine *hen night*, ein Junggesellinnenabschied: Engländerinnen, die mit einem Billigflieger nach Amsterdam gekommen waren, um hier auf den Putz zu hauen. Sie feierten den letzten Abend in Freiheit ihres hässlichen Dickerchens mit dem selbstfabrizierten Brautschleier. Obwohl, Abend … Das würde sicher länger dauern, zweifellos die ganze lange Nacht.

Jede der zehn oder fünfzehn Freundinnen, wenn sie denn überhaupt miteinander befreundet waren, hatte nur ein oder zwei Dinge im Sinn: Trinken in größtmöglichen Mengen und anonymen Sex mit einem lokalen Hengst – jeder Amsterdamer Jüngling ist damit vertraut. Aller Wahrscheinlichkeit nach war die angehende Braut sogar weniger interessiert an Getränken – und das will für Engländer etwas heißen – als an einem hochgewachsenen, blonden Freiwilligen für ein letztes Lebewohl an das Junggesellinnendasein.

«Das ist genau, was ich meine», sagte Jan und zeigte ein wenig geistesabwesend auf die lärmende Gruppe.

«Ich weiß, was du meinst. Ich verstehe sehr gut, was du meinst.»

«Und dann stell dir vor, du wohnst in der Nachbarschaft einer Nachtkneipe und kriegst kein Auge zu.»

«Wegziehen, Jan, das ist die einzige Möglichkeit.»

«Niemals, das will ich nicht! Das habe ich doch schon gesagt …»

«Ich weiß …»

«Wie konnte das bloß passieren? Wann hat sich Amsterdam in dieses Irrenhaus verwandelt? Seit wann leben wir in dieser durchgedrehten Spaßfabrik mit den verstopften Arterien?»

«Ich weiß es nicht, Jan. Echt, ich weiß es nicht.»

Er nickte abwesend, als würde er in Gedanken durch die Wüste Gobi oder einen anderen gottverlassenen Ort wandern.

«Weißt du … die Bibliotheken lasse ich vorerst noch links liegen und fange mit dem Internet an. Mal sehen, was sich dort über andere Touristenstädte googeln lässt. Wir können unmöglich die Einzigen sein. Mal sehen, was ich finde.»

*

Das war Jans letztes Frühjahr als freier Mann. Vier Monate später sollte er verhaftet werden und ich mein Leben lassen. Nach dem Abend im Restaurant habe ich meinen alten Freund nicht mehr gesehen. Es war nicht so, dass er den Kontakt abgebrochen hätte, vielmehr schien ich ihn immer weniger erreichen zu können: Die Beziehung löste sich langsam und geräuschlos auf. Zunächst machte ich mir wenig Sorgen darüber: Es war schon häufiger vorgekommen, dass er so viel zu tun hatte, dass er alles andere um sich herum vergaß, außer seiner Frau und den Kindern natürlich. Dennoch war ich aus irgendeinem Grund etwas beunruhigt und schickte ihm im Laufe der Sommermonate ein paar kurze Nachrichten, die er jedoch – wie zu erwarten war – nicht beantwortete. Ich dachte: Das führt zu nichts. Aber weißt du was: Für den Augenblick lasse ich es einfach so, wie es ist, und gebe ihm die Möglichkeit herauszufinden, was er herausfinden muss. Wenn ich im Herbst noch immer nichts von ihm gehört habe, werde ich mal abends bei ihm vorbeigehen. Das war kein schlechter Plan, auch wenn ich es selbst sage, aber es sollte nicht mehr dazu kommen. Bevor ich zur Durchführung schreiten konnte, schwebte ich schon über meinen eigenen sterblichen Überresten.

Über das, was in dem Sommer mit Jan geschehen ist, kann ich deshalb auch nur Vermutungen anstellen. Ich habe dazu mit viel Mühe ein paar Informationen zusammengetragen, vor allem von mehr oder weniger gemeinsamen Freunden und natürlich von seiner Frau. Aber viel war es nicht, und die Polizei hat nie etwas durchsickern lassen, dort war man verschwiegen wie ein Grab. Die Öffentlichkeit wurde von allem ausgeschlossen, die Informationen waren für mich also unerreichbar. Beim Geheimdienst war das etwas anderes, aber darauf komme ich später noch zurück.

*

Nach dem Anschlag erging sich die Presse in allerhand Spekulationen. An sich war das nicht verwunderlich, denn es war das erste Mal seit den Siebzigerjahren, dass das Land durch einen Terrorakt ernsthaft aufgeschreckt wurde, und das erste Mal, dass eine islamistische Organisation in einem solchen Umfang zugeschlagen haben sollte. Jeder dachte, dass es Gewalt in dieser Größenordnung nur im Ausland gäbe. Und das war auch so, so etwas gab es in den Niederlanden nicht. Jedenfalls bis zu dem Anschlag, bei dem wir nun ebenfalls Bekanntschaft mit Terrorismus der extremsten Sorte machen durften. Und bei dem ich mein Leben verlor. Das war alles glasklar, aber dennoch waren mir auch nach ernsthaften Nachforschungen immer noch nicht alle Fakten bekannt. Nicht alles ließ sich klären, manches sogar überhaupt nicht.

So machte etwa das hartnäckige Gerücht die Runde, dass mehrere Anschläge geplant worden seien. Die P.C. Hooftstraat sei nur eines von drei oder vier Zielen der Terroristen und nicht einmal das wichtigste gewesen. Die Centraal Station und die Zuidas, also der Hauptbahnhof und das Finanzzentrum, hätten ganz oben auf der Liste gestanden, möglicherweise seien auch der Königliche Palast und die Stopera, die kombinierte Amsterdamer «Rathaus-Oper», aufs Korn genommen worden. Demselben Gerücht zufolge hatte der Geheimdienst schon Monate vorher Wind von den Plänen bekommen und unter strengster Geheimhaltung, meist mitten in der Nacht, eine Antiterroreinheit nach der anderen in die Stadt geholt. Ende August, an einem Samstagabend, hätten diese dann gnadenlos zugeschlagen und die Terroristen geräuschlos unschädlich gemacht. Damit sei Amsterdam einer beispiellosen Katastrophe entgangen, allerdings habe man eine der Terrorzellen übersehen. Und gerade sie sollte die P. C. Hooftstraat in ein Flammenmeer verwandeln.

Das Gerücht würde auf jeden Fall erklären, warum die Rettungsdienste, die Polizei, der Geheimdienst, der Sprengstoff-Entschärfungsdienst – warum wirklich die gesamte Maschinerie in kürzester Zeit an Ort und Stelle war, so als hätte das Drehbuch schon vorgelegen und müsste nur noch umgesetzt werden. Immer wieder war von diesem Szenario die Rede, es lag sozusagen in der Luft, aber ich könnte unmöglich sagen, ob es der Wahrheit entspricht oder nicht. Das liegt übrigens an mir: In meinem Zustand ist es nicht einfach, sondern sogar ziemlich kompliziert, Nachforschungen anzustellen. Denn ich habe zwar fast überall freien Zutritt, doch zugleich habe ich nirgendwo wirklich Zutritt. Das mag vielleicht ein bisschen komisch klingen, das ist mir bewusst, aber besser kann ich es nicht beschreiben. Eigentlich läuft es auf Folgendes hinaus: Ich bin noch nicht so vertraut mit dem Totsein und war bisher vor allem mit der Frage beschäftigt, was genau der Sinn meines Aufenthalts hier sein könnte. Aber wie schon gesagt – offenbar gibt es niemanden, der mir sagen will, wo es langgeht.

Zu Lebzeiten hatte ich nie besonderen Bedarf an jemandem, der mir sagt, wo es langgeht. Das erledigte ich schon selbst. Aber jetzt käme Hilfe mir durchaus gelegen. Vielleicht darf ich alles selbst bestimmen, vielleicht bin ich Herr und Meister über mein eigenes Schicksal und kann ohne jede Rücksprache entscheiden, was ich tun oder lassen will, aber damit bin ich auch schon wieder bei meiner allerersten Bemerkung: Es wäre schön, wenn es mir mal jemand kurz erklären würde. Das könnte die Sache erheblich beschleunigen. Ich glaube, dass ich dies alles schon einmal gesagt habe und mich deshalb ständig wiederhole, aber ehrlich gesagt beschäftigt es mich ziemlich. Doch das wird niemanden wundern.

Natürlich ist nicht alles schlecht. Es ist sogar, ich kann es nicht leugnen, äußerst praktisch, dass es für mich keine verschlossenen Türen mehr gibt. Falls nötig, gehe ich mit meinem körperlosen Körper einfach durch die Wand, und manchmal kommt das sehr gelegen. So erinnerte ich mich neulich an einen reichlich feuchtfröhlichen Abend vor ungefähr einem Jahr. Keine Ahnung, warum mir das gerade in dem Moment, nur ein paar Tage nach dem Anschlag, einfiel, doch plötzlich sah ich hell und klar vor mir, wie ich mit vier anderen Musikern in der Kneipe saß und wir uns auf die altmodisch-gemütliche Art die Kante gaben. Rockmusiker haben den Ruf, sich an Alkohol und Drogen zu versündigen, und das tun sie auch, aber so mancher Musiker aus dem klassischen Fach versteht sich ebenfalls äußerst gut auf den Umgang mit der Flasche – da könnte ich Ihnen Geschichten erzählen!

Früher habe ich in mehreren Jugendorchestern gespielt und war regelmäßig auf Tournee. Später wurde ich dann nicht mehr engagiert. Niemand hat mir je erzählt, warum, offenbar war ich nicht gut genug. Das war zumindest die deprimierende Schlussfolgerung, die ich daraus zog. Ich habe sozusagen in jeder Jugend-Nationalmannschaft gespielt, bis zur U-21, aber die echte Erwachsenen-Nationalmannschaft war für mich eine Leitersprosse zu hoch. Dieses Niveau habe ich nie erreicht. Und das Komische ist, dass man dann sehr tief fällt. Wenn einen die großen Orchester nicht haben wollen und man zu alt für die Jugendorchester ist, lässt man sich umschulen, oder man wird Klavierlehrer. Mehr Auswahl gibt es nicht. Manche meiner Schicksalsgefährten begannen ein Leben als Koch, Computerprogrammierer, Grundschullehrer oder sogar Polizist – ich wurde Klavierlehrer. Ich wollte nichts anderes und würde noch immer nichts anderes wollen. Für mich gibt es kein Leben ohne Klavier.

Das Reisen mit anderen Jugendmusikern – meistens innerhalb der Niederlande, manchmal ging es auch über die Grenze – wurde, nachdem das alles vorbei war, schon bald zu einem nebelverhangenen Bereich in meinen Erinnerungen. Das Repertoire ist jedenfalls nicht hängengeblieben. Eigentlich habe ich keine Ahnung mehr, was wir damals gespielt haben. Was mir aber von den Tourneen noch klar vor Augen steht, sind der imposante Alkoholkonsum und die wild tobenden Hormone. Der Alkohol hat mir letztlich nicht so viel gesagt, aber für die Hormone habe ich mir eine lebenslange Liebhaberei bewahrt. Das kann man, glaube ich, schon sagen. Und ich habe noch immer ein paar Freunde aus dieser Zeit übrig behalten. Mit drei von ihnen, einem Geiger, einem Cellisten und einem Hornisten – alle, wie ich, Männer in mittlerem Alter –, saß ich also voriges Jahr in der Kneipe zusammen. Der Blechbläser hatte noch einen Bekannten mitgebracht, zufällig auch ein Pianist. Wir tranken so zügellos, als wären wir wieder auf Tournee und befänden uns noch immer in den guten alten Zeiten. Und natürlich kam das Gespräch irgendwann auch auf Sex.

«Was würdest du tun, wenn du unsichtbar wärst?», fragte der Pianistenkollege. «Jeden Abend umsonst ins Concertgebouw?»

«Nein, da bin ich oft genug gewesen.»

«Aber was dann?», fragte der Cellist und sah in die Runde. «Würdest du Mäuschen beim amerikanischen Präsidenten spielen oder vielleicht im Sitzungssaal eines internationalen Konzerns oder, wenn du es lieber bescheiden halten willst, am Kabinettstisch des niederländischen Ministerpräsidenten?»

«Warum sollte man das tun?»

«Das ergäbe sicher unterhaltsame Anekdoten, nur mal als Beispiel.»

Ich musste lachen. Wurden wir alt, oder hatte der Alkohol uns schon so träge gemacht, dass wir sogar das Naheliegendste nicht mehr benennen konnten? Der Geiger blickte zur Seite und muss an meinem Gesichtsausdruck gesehen haben, woran ich dachte, denn auch er begann, unbändig zu lachen.

«Ach, Männer … Wo ist bloß eure Schärfe geblieben? Wenn wir unsichtbar wären, würden wir doch wohl sicher eben bei der Nachbarin vorbeischauen, wenn sie unter der Dusche steht?»

Die drei mir gegenübersitzenden Kollegen grinsten wie kleine Jungs, die bei ihren Rechenaufgaben einen kapitalen Fehler gemacht hatten und nun zart darauf hingewiesen wurden.

Drei Tage nach dem Anschlag fiel mir das Gespräch wieder ein. Ich schwebte früh am Morgen ohne ein bestimmtes Ziel durch die noch leeren Straßen Amsterdams und dachte plötzlich an meine Nachbarin, meine freundliche Nachbarin, eine Frau mit feinen, zarten Gesichtszügen, rabenschwarzem Haar und, eine magische Kombination, leuchtend blauen Augen. Sie war schön wie ein Engel, Anfang dreißig, nicht älter. Ich hatte sie noch nie mit einem Mann gesehen und übrigens auch nicht mit einer Frau. Ich hatte sie überhaupt noch nie mit irgendjemandem gesehen. Sie war immer allein. Ab und zu traf ich sie auf der Straße, und dann erzählte sie von ihrer Arbeit bei der Stadt als Projektmanagerin in der Abteilung für Raumordnung. Wenn ich sie recht verstanden habe, war sie für einen kompletten Stadtteil zuständig. Trotz ihres jugendlichen Alters hatte sie bereits eine beachtliche Karriere hinter sich, zumindest vermutete ich das, denn eigentlich hatte ich keine blasse Ahnung, worum es in ihrem Job genau ging.

Die Kleidung, die sie für gewöhnlich trug, war so weit geschnitten, dass sie fast alles verhüllte: Schlabberlook, wie er im Buche stand. Ich wusste also nicht, ob sie, abgesehen von ihrem wunderschönen Gesicht, eine Sünde wert wäre. Und an diesem frühen Morgen ein paar Tage nach meinem Dahinscheiden, während ich also ein wenig ziellos herumschwebte, dachte ich plötzlich: Das wird sich jetzt ändern, das ist der

Moment, ich will herausfinden, was sich unter all den Lagen Stoff verbirgt! Die Sache muss jetzt endlich geklärt werden: Ich werde schauen, was da all die Jahre neben mir gewohnt hat. Dann bin ich wenigstens nicht umsonst gestorben.

Gesagt, getan, und ich kann hier – notfalls unter Eid – erklären, dass mich nicht enttäuscht hat, was ich zu sehen bekam. Mehr noch, es war spektakulär! Ich weiß, dass mir, wenn ich mich noch in meinem Körper befunden hätte, buchstäblich das Wasser im Munde zusammengelaufen wäre. Sie war schön, sie war sensationell, und sie war, wie sie da unter der Dusche stand, unfassbar aufregend.

Das Wasser lief in dünnen Strömen über ihr Gesicht, an ihrem Hals und den Schultern entlang, floss über ihre kräftigen, birnenförmigen Brüste, die bei jeder ihrer Bewegungen auf und ab wogten. Ihr Bauch hatte eine winzige Wölbung, wie eine kaum sichtbare Anhöhe in einer weiten Landschaft. An der Stelle, an der ihre Beine, ihre unendlich langen Beine zusammentrafen, befand sich ein kleines Dreieck aus tiefschwarzem Schamhaar. Sie war wunderschön, überirdisch, himmlisch. Ich konnte mich nicht erinnern, in den zurückliegenden zehn Jahren eine so schöne, verführerische Frau gesehen zu haben, und ich habe in den letzten zehn Jahren eine ganze Menge nackter Frauen gesehen. Das brachte die Arbeit so mit sich, kann ich dazu nur sagen.

Um es in einem Wort zusammenzufassen: Sie war Gottes Geschenk an die Menschheit, der Traum eines jeden Mannes. Die Art und Weise, wie diese wunderschöne Frau dort stand, nackt unter der Dusche, würde sogar die Hormone eines Hundertjährigen wieder zum Tanzen bringen. Aber ich empfand herzlich wenig dabei. Ohne meinen Körper konnte ich mich ihr zwar nähern, doch ansonsten konnte ich rein gar nichts. Ich will es mal so sagen: Mein derzeitiger Zustand eröffnete mir sowohl unerwartete Möglichkeiten als auch frustrierende Unmöglichkeiten.

Das war meine Seite der Geschichte, die ihre war auch nicht schöner. Ich betrachtete sie und konnte fast körperlich spüren, was sie beschäftigte: ihre Gedanken, die leisen Stimmen in ihrem Kopf, die Herausforderungen, die ihr Beruf an sie stellte – ein unverhältnismäßig schwerer Job für ihr junges Alter –, die viele Arbeit, die bis zum Ende des Tages erledigt sein musste. Ich spürte den Druck der Deadlines und der Dokumente, die sie heute noch zu liefern hatte, die Mühe, um die eigenen Mitarbeiter an der Arbeit zu halten, die Aussicht auf die Nachmittagssitzung, die Dienstbesprechung mit ihrem Vorgesetzten und den Kontakt mit den Projektpartnern. Das alles schwirrte und summte durch das Badezimmer, brach sich an den Fliesen und kehrte wieder zu ihr zurück. Es gab keine einzige leere Stelle in ihrem Kopf, keinen Millimeter freien Raum, nicht einmal für einen einzigen pikanten Gedanken. Es ging einzig und allein um alltägliche Dinge, um triviale irdische Angelegenheiten, die sie völlig in Beschlag nahmen und es zweifellos auch in den kommenden Jahren tun würden.

Es würde mich eigentlich nicht wundern, wenn nur wenige sie jemals so gesehen haben sollten wie ich. Das würde sich auch nicht mehr ändern, denn ihre Zukunft war die eines gedankenschweren Kopfes. Ihr Körper würde langsam, fast unmerklich, verwelken, und eines guten Tages würde sie ebenso wie ich durch die Straßen Amsterdams schweben und in allen Ecken und Winkeln ihres Kopfes nach einer Antwort auf die Frage suchen, was man eigentlich von ihr erwartete, und unterdessen den großen weißen Elefanten nicht sehen. Auch wenn dieser groß und mächtig mitten im Wohnzimmer säße.

*

Es tat fast weh, das alles zu sehen und zu spüren. Ich drehte mich um, ließ sie unter der Dusche zurück und flüchtete aus dem Haus. Dieser kleine Ausflug war eine schlechte Idee gewesen. Er hatte mir einen fröhlichen, sorglosen Tag verschaffen sollen, aber meine Stimmung war dadurch nicht besser geworden, im Gegenteil.

Anschließend begab ich mich zu mir nach Hause – ich war ja sozusagen ohnehin in der Gegend. Und was soll ich sagen?

Vielleicht nur so viel: Mein Zuhause war ebenso verwaist wie ich selbst. Mein Bruder, seit dem Tod unserer Eltern mein einziger direkter Verwandter, würde das Haus ausräumen müssen, doch soweit ich sah, hatte er damit noch nicht angefangen. Es lagen ein paar Briefe auf der Fußmatte, der Abwasch mit dem schmutzigen Geschirr stand noch auf der Spüle und fing schon an zu müffeln. Ansonsten herrschte vollkommene Leere, mein Heim hatte seine Seele verloren. Und das schon nach ein paar Tagen. So schnell geht das.

Der Besuch in meiner ehemaligen Bleibe machte mich noch trauriger, als ich es ohnedies schon war. War es deshalb, weil alles noch genauso dastand und dalag, wie ich es vor einigen Tagen zurückgelassen hatte? War es, weil ich sah, wie mein Leben hätte weitergehen können, wäre ich zum Zeitpunkt der Explosion nicht in der P. C. Hooftstraat gewesen? Ein Stück weiter in der Van Baerlestraat war nichts passiert: Alle, die sich dort aufgehalten hatten, waren unversehrt wieder nach Hause zurückgekehrt. Oder war es, weil ich noch nicht unter der Erde lag? Ich hatte keine Ahnung. Übrigens auch nicht, was meine eigene Beisetzung betraf. Was sollte ich tun? Sie einfach ignorieren und nicht hingehen? Oder doch hingehen? Aber warum sollte ich? Unmittelbar nach dem Anschlag hatte ich schon kein Interesse an meinem Körper aufbringen können, und das war seither nicht anders geworden. Ich vermisste zwar einen Körper, aber nicht so sehr *meinen* Körper. Der war Geschichte, definitiv dahin, seit dem Anschlag ganz und gar unbewohnbar. Das hatte ich mit meinen eigenen Augen gesehen.

*

Aber gut, meine Wohnung also. Ich wohnte zur Miete. Ein Klavierlehrer verdient ganz gut, aber auch nicht mehr als das. Vor allem am Anfang war es kein Honigschlecken gewesen, später wurde es dann allerdings besser. Trotzdem konnte ich mich nie dazu durchringen, mir etwas Eigenes anzuschaffen: Ich habe schließlich keine Nachkommen und Johan auch nicht. Nach meinem Tod würde alles an die Kinder meiner Cousins und Cousinen fallen, und die kenne ich noch nicht einmal. Sie interessieren sich nicht für mich, und – ehrlich ist ehrlich – ich interessiere mich auch nicht für sie.

Fünf Jahre nach meinem Studium bot mir eine kleine Wohnungsbaugenossenschaft ein Häuschen an, in einer Straße mit lauter protzigen Gebäuden nur wenige Gehminuten von Artis, dem Zoologischen Garten, entfernt. Das Quartier lag halb verborgen hinter einigen halb verfallenen Industriegebäuden, für die niemand eine neue Verwendung gefunden hatte. Wenn man nicht ungefähr weiß, wo man suchen muss, wird man es nie finden. Ich hätte nirgendwo anders wohnen wollen.

Normalerweise hat man in Amsterdam eine Etagenwohnung, doch wegen meines Berufs bekam ich ein ganzes Haus. Das war mit Absicht geschehen, denn ein Klavierlehrer muss regelmäßig üben. Außerdem geben die meisten von ihnen den Unterricht bei sich zu Hause, und das finden die Nachbarn nur selten angenehm. Vielleicht betrachten sie es in den ersten paar Wochen noch als Bereicherung, aber danach geht ihnen die Musik in der Regel gehörig auf die Nerven. In all den Jahren habe ich nie jemanden über oder unter mir wohnen gehabt, und die Wände zu den Nachbarhäusern sind ausgezeichnet isoliert. Das macht schon was aus. Von vielen Musikerkollegen habe ich wahre Gruselgeschichten gehört. Ich könnte nicht sagen, dass es immer mit Mord und Totschlag geendet hat, aber oft fehlte nicht mehr viel daran. Das ist mir also erspart geblieben.

Mit Ausnahme eines Zeitraums von etwa anderthalb Jahren habe ich immer allein gewohnt. Gertrude Miranda de Baak war ihr Name, für den Fall, dass es noch jemanden interessieren sollte – was nicht sehr wahrscheinlich ist, da es auch schon wieder gut zwanzig Jahre her ist, dass wir in meinem knapp fünfundsechzig Quadratmeter großen Domizil zusammengelebt haben. Fünfundsechzig Quadratmeter, das ist für Amsterdamer Verhältnisse ganz ordentlich, aber trotzdem nicht viel für zwei Erwachsene. Eigentlich haben wir dort sogar zu dritt gewohnt, denn mein Flügel, ein großer, glänzend schwarzer

Steinway, nahm ziemlich viel Raum ein. Er war das Schönste und Teuerste, was ich mir jemals angeschafft habe, und jeden einzelnen Cent wert.

Gertrude war nicht glücklich mit dem Instrument, sie fand, dass es «enorm sperrig» sei. Und das war es auch: Der Flügel war mit Abstand das größte Möbelstück im Haus. Sie konnte auch wenig damit anfangen, denn Gertrude war furchtbar unmusikalisch, so unmusikalisch, wie ich es noch nie bei einem Menschen erlebt hatte. Aber ich kann nicht sagen, dass mich das gestört hätte. Warum auch? Vor allem im ersten Jahr konnte sie ihre Hände nicht von mir lassen. Ich habe sie an allen erdenklichen Orten im Haus genommen, ihre Lieblingsstelle dafür war jedoch lustigerweise gerade der Flügel. Wenn sie um meine Aufmerksamkeit buhlte, schmiegte sie sich mit ihrem Oberkörper an den Deckel und rieb ihren Bauch lasziv an der Klanganlage. Gertrude führte dieses kleine Theaterstück regelmäßig auf, vorzugsweise, wenn ich gerade in höchster Konzentration ein komplexes Stück einstudierte. Im Nachhinein glaube ich, dass sie damit nicht nur mir näherkommen, sondern zugleich mit dem Instrument konkurrieren und es mit ein paar kräftigen Duftmarken versehen wollte – so wie ein Rüde an jeden Baum pinkelt, einzig und allein, um sein Territorium zu markieren. Oder ist das ein unpassender Vergleich?

Höchste Konzentration hin oder her, noch bevor sie es sich richtig am Deckel bequem gemacht hatte, war ich auch schon vom Klavierhocker aufgesprungen und hatte meine wohltemperierten Klavierhände um ihre Hüften gelegt. Denn das ließ ich mir natürlich nicht zweimal sagen.

«Ach, Leo, es ist so schön, wenn du mit deinen gierigen Händen über meinen Körper herfällst», sagte sie, und ich spürte, wie sie im Handumdrehen zum Leben erwachte.

«Gierig? Nenn es ruhig *be*gierig, mein Schatz!»

Bei den Gelegenheiten, an denen Gertrude sich wollüstig am Flügel rieb, hatte sie fast nie einen Slip an. Das wusste ich und zog deshalb ohne Umschweife ihre Hose herunter oder schob den Rock hoch, je nachdem, was sie gerade anhatte, knetete ihre keck hervorstehenden Brüste und glitt in sie hinein. Und jedes Mal streckte sie sich dabei und schob ihren Oberkörper der Länge nach auf den halboffenen Flügeldeckel, so dass sich die Abdrücke ihrer Brüste in das glänzend schwarze Holz einschrieben. Sie rieb ihren Hintern gegen meinen Bauch und krallte sich mit den Händen am Instrument fest, während ich langsam das Tempo steigerte.

Im Rückblick war Gertrude der einzige wirkliche Versuch zu einer Beziehung. Liebte ich sie? Keine Ahnung. Aber ich mochte sie gern, so viel war sicher. Doch offenbar bot das keinen Schutz gegen den Zahn der Zeit, wie es so schön heißt. Und bei uns machte sich dieser Zahn schon sehr bald ans Werk, denn nach etwas mehr als einem Jahr änderte sich unser Verhältnis. Sie begann den Flügel zu meiden. Es ging klar und deutlich in Richtung Abgrund, und ich wusste nicht, wie ich es verhindern konnte – ebenso wenig übrigens, ob ich es überhaupt verhindern wollte. Ich sah es mit an, ließ es ein paar Wochen geschehen und kam allmählich zu dem Schluss, dass der Verfall definitiv eingesetzt hatte. Und schon bald nahm ich meine alte Liebhaberei wieder auf.

Am Anfang unserer Beziehung war ich Gertrude noch voll und ganz treu, aber als sie kaum noch Interesse an unseren Schäferstündchen zeigte, sah ich die Mütter meiner Schüler wieder mit anderen Augen. Es begann allerdings nicht mit einer frischen Mutter, sondern mit Louise, einer achtundzwanzigjährigen Klavierschülerin, die heftig unter einer Quarterlife-Krise litt. Sie hatte sich vorgenommen, etwas gegen den Mangel an Musik in ihrer Jugend zu tun, und sich ein gebrauchtes Klavier gekauft. Danach brauchte sie einen Lehrer, und das wurde also Leo Hogeler. So ging ich jede Woche am frühen Mittwochabend zu Louise nach Hause, um ihr die Grundprinzipien des Klavierspiels beizubringen. Während unserer Klavierstunden wurde ich dabei äußerst argwöhnisch von ihrem Freund beäugt. Er verließ nie das Haus, wenn ich da war, und falls es ihm irgendwie möglich war, verließ er nicht einmal das Wohnzimmer, in dem das abgegriffene Instrument stand.

Wenn ich einmal die Gelegenheit hatte, ein paar Worte mit ihm zu wechseln, gab ich ihm jedes Mal unmissverständlich zu verstehen, dass ich eine Freundin hätte, nannte ihren Namen und rühmte sie als meine Allerliebste. Ich tat wirklich alles, um ihn zu beruhigen. Doch es sollte nichts nützen.

Übrigens musste ich feststellen, dass der Argwohn ihres Freundes durchaus berechtigt war, denn Louise nahm ihre Quarterlife-Krise äußerst ernst. Meine Schülerin zeigte deutlich, dass sie keine halben Sachen mochte: Schon nach wenigen Wochen ließ sie einige Knöpfe ihrer Bluse offen und beugte sich mit einer gewissen Regelmäßigkeit so tief über die Tasten, dass sie mir einen wirklich fürstlichen Einblick in ihren Ausschnitt gewährte. Angebot schafft Nachfrage, heißt es, und tatsächlich machte der Blick auf ihr Dekolleté Appetit auf mehr, das gebe ich offen zu. Und ich war mir auch sicher, dass noch mehr kommen würde, wenn ich es nur wollte.

Eines Tages im Mai hielt ich den Moment für gekommen. Als ihr Freund einmal kurz auf der Toilette war, bemerkte ich so ungezwungen wie möglich, dass wir, falls sie mal auf einem professionellen Flügel statt auf ihrem alten Klimperkasten spielen wolle, die wöchentliche Klavierstunde auch einmal bei mir zu Hause abhalten könnten. Louise nickte nur vage und schien kaum interessiert. Einen Augenblick lang glaubte ich, die Lage falsch eingeschätzt zu haben, doch schon am nächsten Tag rief sie mich an: Wenn es möglich sei, würde sie sehr gern einmal kommen und eine halbe Stunde auf meinem Flügel spielen, zusätzlich zu den üblichen Stunden. Ich wusste genau, was sie meinte, und sagte, dass der frühe Montagnachmittag dafür eine ausgezeichnete Gelegenheit bieten würde: Meine Freundin sei tagsüber im Büro, so dass wir dann niemanden stören würden. Ich bin mir sicher, dass meine Schülerin sofort begriff, was ich meinte.

Kurz und gut, Louise wurde meine erste Affäre, seit ich mit Gertrude zusammenwohnte. Schon bald sah ich meine neugewonnene Maitresse zweimal die Woche, am Montag und am Donnerstag, jeweils am frühen Nachmittag und immer bei mir.

Wegen ihres eifersüchtigen Freunds, der mir als potentielles Gesundheitsrisiko für mich erschien, ließ ich mich lieber nicht bei ihr im Haus zu frivolen Handlungen hinreißen. Sie verstand das wie keine zweite, doch in der Folge sah ich mich mit einer nicht ganz unkomplizierten logistischen Operation konfrontiert.

Vor der Zeit mit Gertrude hatte ich immer allein gewohnt und mir nie Gedanken darüber machen müssen, wie viel Arbeit so eine Affäre mit sich bringt, wenn man mit jemandem zusammenlebt. Ich würde zwar nicht behaupten, dass ich nach jedem Besuch das komplette Haus einer Grundreinigung unterzog, dennoch mussten Louises Spuren an diversen Stellen verwischt werden: Die Dusche musste trocken, der Boden auf Haare kontrolliert und die Gläser mussten abgewaschen sein – um nur ein paar Beispiele zu nennen. Notgedrungen war ich gehalten, fortwährend mit einem zweiten Satz Bettwäsche herumzufuhrwerken. Denn schließlich konnte ich Louise und Gertrude nicht zwischen dieselben Laken legen. Aber ich konnte das Bettzeug auch schlecht zweimal die Woche waschen, denn das hätte einen dermaßen merkwürdigen Eindruck gemacht, dass ich schon nach zwei Wochen aufgeflogen wäre. So dauerte es dann immerhin noch zwei Monate.

An einem der Donnerstage kehrte Gertrude unerwartet früh von der Arbeit nach Hause zurück. Glücklicherweise traf sie mich nicht mit Louise im Bett an. Allerdings fand sie eine fremde Frau vor, die keine Schuhe trug, ja nicht einmal Socken anhatte, und diese Frau hielt sich auch nicht in der Nähe des Flügels auf. Außerdem wusste sie, dass ich nur ganz ausnahmsweise Unterricht bei mir zu Hause gab. Sie zog daher auch gleich ihre Schlüsse aus der Situation, und Louise sah, dass Gertrude richtig getippt hatte, worauf meine achtundzwanzigjährige Schülerin, ohne ein Wort zu sagen, das Haus verließ. Ich blieb allein mit meiner Freundin zurück, im Wissen, dass ich einem besonders schwierigen Abend entgegenblickte. Daran bestand kaum ein Zweifel.

*

Es kam nicht sofort zum großen Knall, aber zwischen Gertrude und mir wurde es trotzdem nicht wieder so, wie es vorher gewesen war. Wir blieben zusammen, weil wir schon einen gemeinsamen Urlaub gebucht hatten, so einfach war das. Die Reise nach Vietnam hatte bereits seit Langem auf meiner Liste gestanden, und so etwas Unbedeutendes wie eine gescheiterte Liebesbeziehung würde mich nicht davon abhalten, auch wenn ironischerweise gerade dieses Land am Anfang unserer Beziehung gestanden hatte.

Zwei Jahre zuvor – nur ein paar Monate nach der Anschaffung meines Flügels – hatte ich Gertrude kennengelernt. Ich saß früh an einem Abend zusammen mit einem Musikerkollegen im Café, als ein Rudel Frauen hereingestürmt kam. Die Freundinnengruppe verteilte sich über das gesamte Lokal. Jede von ihnen nahm einen Mann ins Visier, als hätten sie es vorher untereinander abgesprochen. Gertrude hatte es auf uns abgesehen, und schon bald kamen wir ins Gespräch über Vietnam: Das Land wollte sie unbedingt einmal sehen. Im Café klangen ihre Motive ganz plausibel, daran kann ich mich noch erinnern, aber ich muss auch gestehen, dass ich fast alles, was sie darüber sagte, gleich wieder vergaß.

Gertrude sprach vom Buddhismus und dem christlichen Glauben und wie die beiden zu einer neuen und völlig authentischen Religion verschmelzen würden. Das könne man hervorragend in Vietnam sehen. So etwas in der Art, an sehr viel mehr kann ich mich beim besten Willen nicht mehr erinnern. Seltsamerweise hat Gertrude nach diesem Abend nie wieder darüber gesprochen. Sie wolle nach Vietnam, das war alles, was sie noch über dieses Thema zu sagen hatte.

Meine Faszination für das Land war einfacherer Natur: Ich erinnerte mich an den Krieg, den Vietcong, die Guerilla-Aktionen, die US-Armee, die kurz davor stand, eine schmachvolle Niederlage zu erleiden – das war damals tagtäglich im Fernsehen zu sehen. Der Krieg ging schon seinem Ende entgegen, und ich war eigentlich noch viel zu jung, um wirklich zu verstehen, was dort vor sich ging. Die Kriegshandlungen und die politischen Machenschaften im Hintergrund habe ich gar nicht richtig wahrgenommen. Was mich gefangen hielt, war vielmehr die wunderschöne exotische Landschaft. Abend für Abend war ich im Bann des Regenwalds, des satten Grüns der Reisfelder und der Palmen in der Abendsonne. Die Soldaten blendete ich aus, ebenso wie die Gefechte, die Grausamkeiten, das Blut, die Verwundeten, die Leichen, überhaupt die ganze Sinnlosigkeit dieses Krieges, und sah nur die üppige Natur. Im Café, während Gertrude und ich uns bis spät in der Nacht und noch lange, nachdem mein Kollege bereits gegangen war, unterhielten, kam das alles wieder hoch. Wir beschlossen noch an Ort und Stelle, gemeinsam nach Vietnam zu reisen. Das wurde unser Projekt.

*

Die Reise dauerte fast einen Monat – vier volle Wochen lebten wir mit der Wärme und den Gerüchen der Tropen. Wir wanderten an scharfzackigen Bergrücken und endlos breiten Flüssen vorbei, zogen durch den Dschungel und über ausgedehnte Ebenen, auf denen sich hier und da einige Äcker befanden. Wir besuchten die alten Städte im Norden und im Süden, sahen uns katholische Kirchen an, darunter eine riesige Kathedrale, und besichtigten den barocken Gouvernementspalast sowie ein koloniales Postamt – Europa in den Tropen. Manche Regionen erinnerten uns so stark an Frankreich, dass Gertrude zweimal aus Versehen einen Vietnamesen auf Französisch ansprach. Wir begegneten freundlichen, aber auch sehr selbstbewussten Menschen. Anders als in den Nachbarländern machte niemand eine Verbeugung, man nickte höchstens einmal. Die Vietnamesen hatten zwei Kolonialmächte, erst Frankreich und danach die USA, unter Aufbietung all ihrer Kräfte bekämpft und sie vor die Tür gesetzt. Anschließend war es ihnen dann auch noch gelungen, sich China vom Leib zu halten. Dieses Volk hatte vor nichts und niemandem Respekt.

Merkwürdigerweise war es jedoch nicht die Bevölkerung, die koloniale Architektur oder die zauberhafte Natur, die uns am meisten beeindruckte, sondern ein Dorf, das ausschließlich von Damen des horizontalen Gewerbes bewohnt zu sein schien. Auf dem Weg zu einigen Sehenswürdigkeiten fuhren wir durch die einzige Straße dieses staubigen Weilers. Es war am helllichten Tag, gegen Ende des Vormittags, die Sonne brannte auf uns herab, und überall am Straßenrand saßen, vor jedem Haus des Dorfes, elegant gekleidete junge Frauen unter einem kleinen Sonnenschirm. Wenn eine von ihnen gerade im Kundengespräch war, hing der Schirm zusammengefaltet in einem Baum, so dass jeder sehen konnte, dass die fragliche Dame auch an diesem Tag ihrem Gewerbe nachging, aber momentan nicht verfügbar war. Auf meine Frage, woher die Kundschaft dieser verschlafenen Gemeinschaft komme, erklärte uns unser Führer, dass die Frauen vor allem von den Lastwagenfahrern lebten, die durchs Land fuhren und in der Regel gerade hier einen Boxenstopp einlegten. Ohne diese Schürzenjäger würden die Sonnenschirmmädchen und der Ort in bodenlose Armut versinken.

UNTERGANG

Kaum einen Monat, nachdem wir wieder zurück in Amsterdam waren, kam es dann zum endgültigen Bruch. Gertrude zog aus, und ich war wieder allein mit meinem Flügel. Ich kann nicht sagen, dass ich das schlimm fand. Häufig fällt in solchen Situationen das Wort «Freiheit», aber mir ging es nicht um den wiedergewonnenen Bewegungsspielraum, wenn ich es einmal so ausdrücken darf. Es war eher so, dass ich von dem Moment an, da Gertrude nicht mehr die Nähe des Flügels suchte, kaum noch Interesse für sie aufbringen konnte. Warum sollte ich mir ihre Geschichten anhören, warum sie trösten, wenn sie wegen irgendeiner Lappalie Kummer hatte, warum ihr Unterstützung anbieten, wenn es Reibereien mit Kollegen gab? Warum also sollte ich mich engagieren, wenn zwischen uns ohnehin nichts mehr lief? Amouröse Aktivitäten am Flügel oder wo auch immer bilden das Fundament, und ohne Fundament lässt sich nun mal kein Haus bauen. Es ist möglich, eine stabile Grundlage zu schaffen, ohne ein Haus darauf zu bauen, aber es ist unmöglich, Mauern zu errichten, wenn die Fundamente nicht in Ordnung sind.

Gertrude gab nicht auf. Sie suchte Streit – und das zeigte mir, dass sie noch Interesse hatte: Jeder Vertreter weiß, dass Kritik am Produkt auf einen Kaufwunsch hindeutet.

«Du denkst nur an dich!», sagte sie.

«Du bist ein pedantischer Sack!», sagte sie.

«Du bist ein Schwätzer!», sagte sie.

«Du erzählst immer nur dasselbe, du wiederholst dich ständig!», sagte sie.

«Du leidest an verbaler Inkontinenz!», sagte sie.

«Du redest wie der Nikolaus!», sagte sie.

Ich sah auf, nahm die Notenblätter vom Schoß und legte sie neben mich auf das Sofa.

«Wie der Nikolaus?»

«Ja, so feierlich wie der Nikolaus.»

«Ach so.»

«Ja, ach so. Du bist ein aufgeblasenes Arschloch!»

Ich reagierte nicht, ließ es über mich ergehen. Dieses Getue und das Gezänk, ich fand es höchst unangenehm und auch nicht besonders geschmackvoll. Warum die schönen Erinnerungen durch ein bitteres, trübsinniges Ende zerstören?

Inzwischen war ich eifrig damit beschäftigt, die Nachfolgerin Louises zu verführen, zumal Louise völlig aus meinem Leben verschwunden war – meine achtundzwanzigjährige Schülerin hatte es begreiflicherweise nicht mehr so kuschelig bei mir gefunden, nachdem sie erst einmal die Bekanntschaft meiner Freundin gemacht hatte. Und da klar war, dass es mit meiner Mitbewohnerin dem Ende entgegenging, musste ein Ersatz her. Dabei machte ich, das kann ich ruhig frei heraus sagen, gute Fortschritte – ich hatte sogar schon eine Nachfolgerin für die Nachfolgerin im Auge.

*

Während meines Studiums und auch in den ersten Jahren danach hatte ich, wie jeder andere, hin und wieder eine Freundin. Im Laufe der Zeit wurden diese jedoch immer mehr von den Müttern meiner Schüler verdrängt. Lassen Sie es mich so sagen: Ich arbeitete hart und begegnete deshalb einfach mehr Müttern als potentiellen Freundinnen. Es war, mit anderen Worten, eine Frage der Zeitnot in Verbindung mit einem Schuss Bequemlichkeit, doch, das möchte ich deutlich betonen: Eine Strafe war es sicher nicht.

Zu dem Zeitpunkt, als die Beziehung mit Gertrude zerbrach, war ich bereits zehn Jahre als Klavierlehrer aktiv und mit dem Knallen der erotischen Peitsche vertraut wie kein anderer. Alle meine Schüler hatten eine junge oder sogar sehr junge Mutter. Und alle wohnten sie in den schönsten Häusern der Stadt: in einer Villa nur zehn Fahrradminuten vom Dam entfernt oder in einer mehrere hundert Quadratmeter großen Etagenwohnung in einer der besten Lagen Amsterdams. All diese Paläste, gelegen an endlos langen Alleen mit doppelten Baumreihen – ich kannte sie von innen, und sie waren allesamt, wie sie dort standen, atemberaubend. Die meisten von ihnen waren um 1900 herum erbaut worden, zu einer Zeit, als riesige Vermögen zusammengeharkt wurden, und sie stehen noch immer. Und sie sind auch noch immer unvorstellbar schön und geräumig und werden von Ehepaaren bewohnt, bei denen der Mann gerade dabei ist, eine erfolgreiche Karriere als Banker, Geschäftsmann oder Industriemanager hinzulegen, während ihn die Frau, die sich ihn einst energisch geangelt hat, nun fachgerecht am Haken baumeln lässt. So sind in der Regel die Verhältnisse.

Die Frauen, also die Mütter, betätigten sich manchmal in irgendwelchen Wohltätigkeitsorganisationen, doch meistens machten sie in Kunst. Es war schlichtweg bemerkenswert, wie viele dieser Luxuspüppchen eine Kunstgalerie unterhielten, Töpferkurse gaben, hin und wieder eine Ausstellung organisierten oder einen Malkurs anboten. Übrigens handelte es sich dabei meist um ein Hobby, das sie sich neben der Erziehung ihrer Kinder gestatteten. Außer ihren Freundinnen, die ebenfalls solche Geldmaschinen geheiratet hatten, war jedoch kaum jemand an dem interessiert, was sie taten.

Ihre Männer waren nie zu Hause. Das fand ich nicht weiter verwunderlich, denn solch ein Haus erfordert ein außerordentlich großzügiges Einkommen, und das zu generieren gelingt in der Regel nur, wenn man vollen Einsatz zeigt. Infolgedessen hat man dann natürlich wenig Zeit, um zu Hause bei der Mutter seiner Kinder zu sein. Der Mann arbeitet sich also einen Wolf, um sein Riesenhaus und ein Vorzeigeweibchen finanzieren zu können, die er dann allerdings beide kaum sieht. Ich glaube, dass das nicht besonders klug geregelt ist, das könnte man meines Erachtens ein ganzes Stück einfacher und vor allem befriedigender organisieren. Gleichzeitig schwirrten dauernd Gerüchte über diesen oder jenen Ehemann durch die Gegend – dass er eine besonders schöne Maitresse oder sogar gleich mehrere Maitressen unterhalte. Schauen Sie, das konnte ich nun wiederum gut verstehen. Nie hörte man ein Gerücht, wonach einer dieser Männer seiner Frau treu wäre. Na ja, warum sollten sie auch, die CEOs, die immer nur arbeiteten, die Politiker, die fortwährend in Den Haag oder Brüssel biwakierten, und die internationalen Spitzenwissenschaftler, die sich permanent auf irgendwelchen Konferenzen herumtreiben? Ihre Frauen waren schön, trugen die teuersten Kleider, aber sie waren auch ständig allein und dankbar für jedes bisschen Aufmerksamkeit. Und die bekamen sie von mir, von Leo dem Klavierlöwen.

In der Regel dauerte es nicht lange, höchstens um die fünf Stunden, bis eine Mutter den Vorschlag machte, doch einmal gemeinsam mit mir das Unterrichtsprogramm ihres teuren Sprösslings durchzugehen. Das müsse nicht gleich jetzt sein, sondern man könne sich auch später einmal zusammensetzen. Falls es mir zu viele Umstände mache, zu ihr zu kommen, könnten wir uns auch gern in der Stadt verabreden, um irgendwo eine Tasse Kaffee zu trinken. Sollte mir das ebenfalls nicht gelegen kommen, könne sie mich auch gern einmal zu Hause besuchen. Schließlich wohne ich, glaubten die Mütter zu wissen, nahe am Zentrum, und irgendwie hatten sie alle regelmäßig «Verpflichtungen in der Stadt». Das Wort «Verpflichtungen» verwies übrigens nicht auf echte Verpflichtungen, wie sie Leute mit einem festen Beruf und festen Arbeitszeiten haben, sondern ihre Verpflichtungen bestanden aus dem Besuch exorbitant teurer Boutiquen, dem Termin beim Damenfriseur, dem Lunch mit einer Freundin oder aus etwas anderem, das viel Geld kostete und mit wenig Anstrengung verbunden war.

Die Mütter besuchten mich ausnahmslos an gewöhnlichen Nachmittagen in der Woche. Sie kamen unter dem Vorwand, die musikalischen Fortschritte ihres Sohnes oder ihrer Tochter zu besprechen, inspizierten meinen Flügel, und es dauerte nicht lange, bis sie auch mein Bett inspizierten. Denn schließlich war das der eigentliche Grund ihres Besuchs: ein Schäferstündchen mit Leo, dem Mittel der Wahl gegen die Einsamkeit und die Leere in ihrem Dasein. Durch mich kamen diese jungen, attraktiven Frauen mit ihrem Leben wieder ins Reine. Und in gewisser Weise rettete ich damit sogar die Ehen ihrer erfolgreichen Männer – indem ich es ihren Gattinnen besorgte. Zumindest war das Jans Interpretation, ich selbst benutzte dafür eher verschleiernde Umschreibungen.

Natürlich blieb es bei einem gelegentlichen Besuch und ging nicht weiter. Denn eine Scheidung war für die Klaviermütter undenkbar: Niemals würden sie sich von dem Geld, dem Haus, den Kleidern und den Lunch-Verabredungen mit den Freundinnen trennen. Affären gab es genug, aber eine Beziehung stand nicht auf dem Speiseplan. Und die Frauen sahen sich selbst ganz bestimmt nicht in so beengten Mietverhältnissen wohnen, wie es bei mir der Fall war.

Das galt insbesondere für Victoria, meine erste große Liebe, auch wenn ich damals mein Häuschen noch gar nicht hatte, so wie auch sie noch keine eigene Bleibe besaß – wir wohnten beide zur Miete bei einer Zimmerwirtin, der eine auf der einen Seite der Stadt, die andere auf der anderen. Offenbar sah Victoria mein Haus jedoch schon über mir schweben – oder vielleicht sah sie auch etwas anderes.

Eigentlich hatte ich keine Ahnung, was sie genau sah, ich weiß nur, was ich sah, als ich ihr das erste Mal begegnete, kaum eine Woche nachdem ich, frisch von der Schule, mein Studium am Konservatorium aufgenommen hatte. Ich war hin und weg von ihr, völlig hin und weg. Leo kam, sah – und war verloren. Victoria spielte Geige mit dem sublimen Gespür eines Engels. Vor meinen Augen verschmolzen ihre langen, goldgelben Haare mit dem rotbraunen Klangkörper. Dieser Anblick hatte für mich etwas so Magisches, dass es sofort um mich geschehen war. Anders bei ihr: Sie ließ mich auf Granit beißen und sich durch keine meiner Avancen erweichen. Etwa zur Mitte des zweiten Studienjahrs fand sie einen Jungen, der viel Geld verdienen würde – bei manchen lässt sich das schon in jugendlichem Alter erkennen, und er war klar und deutlich ein Siegertyp. Sie zumindest erkannte es sofort und ließ ihn nicht mehr gehen. Das war Victoria.

Mehr als zehn Jahre später, kurz bevor ich Gertrude kennenlernen sollte, traf ich meine unsterbliche Geliebte wieder. Victoria suchte jemanden, der ihrer sechsjährigen Tochter Klavierstunden geben konnte. Sie hatte mehrere Anläufe unternommen, um das Mädchen Freundschaft mit der Geige schließen zu lassen, doch das Töchterchen wollte unbedingt Klavier spielen, und irgendwie war es Victoria gelungen, mich aufzuspüren. Ich tanzte also bei ihr an – und glaubte kaum, was ich zu sehen bekam. Sie wohnte in einem der schönsten Häuser Amsterdams und hatte alles: zwei Kinder, das Mädchen und einen zweijährigen Jungen, drei Au-pairs, ein sündhaft teures Sonntagsauto und ein womöglich noch teureres für den Einkauf sowie einen exquisiten Mix aus modernen italienischen und antiken Möbeln. Es war wie ein Traum: Überall im Haus roch es nach unermesslichem und zugleich gepflegtem Reichtum. Victoria lebte wie auf Watte gebettet. Sie war noch nicht mal Mitte dreißig und hatte es sich bereits in einem Dekor bequem gemacht, das einen steinreichen Unternehmer mittleren Alters vor Neid hätte erblassen lassen. Und das würde sie niemals aufgeben, für nichts und niemanden. Das stand für mich fest, denn so kannte ich sie.

Victorias Ehemann reiste geschäftlich um die ganze Welt. Am Anfang hatte sie ihn noch oft begleitet, doch nach der Geburt ihrer Tochter gehörte das der Vergangenheit an. Seither saß sie die meiste Zeit allein in ihrem Stadtpalast. Und da war plötzlich Leo, den sie einst so kaltherzig verschmäht hatte, wieder gut genug für sie. Victoria machte einige ziemlich plumpe Avancen, und als ich darauf nicht einging, versuchte sie es ein wenig subtiler. Fast einen Monat lang machte ich mich jeden Montag und Mittwoch auf den Weg zu ihrer Residenz am Vondelpark, um dem Töchterchen die ersten Grundlagen des Klavierspiels beizubringen, und jedes Mal hatte sie einen weiteren Knopf an ihrer Bluse geöffnet. Den Anblick konnte ich selbst nach all den Jahren noch nicht ertragen und beendete unsere Zusammenarbeit. Ich erklärte ihr, dass ich keine Zeit mehr für den Unterricht hätte und für einen anderen Lehrer sorgen würde. Das war das letzte Mal, dass ich Victoria gesehen habe.

*

Was mir erst nach Jahren aufzufallen begann, war die Tatsache, dass all die Mütter blütenweiß und meist auch noch hellblond waren. Offenbar sind reiche Mütter oft blond. Mag der Himmel wissen, warum das so ist.

Hin und wieder fuhr ich nach Amstelveen, um Johan zu besuchen. Meine Eltern legten Wert darauf, und vor allem meine Mutter hat das oft genug gesagt. Sie wusste, dass mein Bruder und ich keine dicken Freunde waren und es wohl auch nicht mehr werden würden. Aber sie hoffte, dass wir uns zumindest nicht völlig auseinanderleben würden. Ihr zuliebe schaute ich also dann und wann bei ihm vorbei, auch nachdem sie bereits gestorben war. Vor langer Zeit hatte Johan ein Reihenhaus im tiefsten Amstelveen bezogen, weil seine Frau dort aufgewachsen war und nirgendwo anders als in einem Reihenhaus im tiefsten Amstelveen wohnen wollte – einem der Orte, an denen ich nicht tot über dem Zaun hätte hängen mögen. Vielleicht ist das angesichts meines derzeitigen Zustands eine etwas makabre Redewendung, aber wenigstens dieses Los ist mir erspart geblieben.

Nach dem Besuch meines Bruders spazierte ich meist noch ein wenig durch den Amstelveener Stadtkern – eigentlich nicht viel mehr als ein etwas aus den Fugen geratenes Einkaufszentrum – und sah dann immer wieder eine dieser grazilen japanischen Frauen, zweifellos die Gattinnen hart arbeitender Büromenschen. Eigenartigerweise hatten viele asiatische Firmen ihr europäisches oder niederländisches Hauptquartier in der ehemaligen Torfstechersiedlung südlich von Amsterdam aufgeschlagen. Die Ehemänner verbrachten den ganzen Tag und einen Teil des Abends im Büro, während ihre Frauen zu Hause auf sie warteten, aus dem Fenster sahen und ins Leere starrten. Jedes Mal, wenn ich eine dieser überirdisch schönen Frauen sah, verlangte es mich heftig nach einer kleinen Ausschweifung, aber zu meinem Leidwesen habe ich nie eine Anfrage bekommen, japanischen Kindern Klavierunterricht zu geben, und es hat sich für mich auch nie ergeben, gezielt unter Expats dafür zu werben.

Ehrlich gesagt, habe ich immer wieder gedacht, dass ich zu träge sei und es mir zu einfach machte. In Amsterdam sah ich oft farbige Frauen, die so schön waren, dass es fast schon wehtat – wie ein Musikstück, das die Jahrhunderte überdauert hat und Mal um Mal eine neue Generation zu Tränen rührt. Ich sah indische und pakistanische Schönheiten mit hohen Jochbeinen, üppigen Brüsten und Hüften, ähnlich denen meiner hellblonden Mütter, allerdings mit einem Gesicht wie aus Ebenholz und Haar, dunkler als die Nacht. Ich sah Frauen in schwarzen Lederröcken, die sich bei jedem Schritt um ihre wohlgeformten Rundungen spannten, und ich sah ihre schlanken, dunklen Beine. Im Sommer begegnete ich auf den Straßen leicht bekleideten Signorinas, deren Brüste unter einem sündig-knappen T-Shirt auf und ab hüpften, so dass die Brustwarzen sich dabei am Stoff rieben. In solchen Momenten wusste ich, dass ich definitiv etwas verpasst hatte. All die Jahre habe ich mich auf den leichten Fang konzentriert und mich aus Bequemlichkeit immer wieder von schamlos reichen Müttern zum Liebesdienst überreden lassen, anstatt meine Netze auch einmal in anderen Fischgründen auszuwerfen.

*

Doch ich glaube, ich schweife ab … Ich hatte angekündigt, die Geschichte meines Freundes Jan Janssen zu erzählen, und stattdessen rede ich vor allem von mir. Das ist nicht gut, obwohl vielleicht verständlich, denn schließlich habe ich nicht allzu viel über ihn in Erfahrung bringen können, höchstens, dass Jan trotz all seiner Wut und Frustration der logische Denker blieb, der er immer schon gewesen ist. Systematisch nahm er die wesentlichen Fragen unter die Lupe: Wovon werden Touristen angelockt? Oder besser: Wovon werden solche Touristen angelockt, die hier einmal ordentlich auf die Pauke hauen wollen? Denn ältere spanische oder deutsche Ehepaare, die sich die *Nachtwache* ansehen möchten und anschließend zum Keukenhof weiterziehen, bereiten ja keine Probleme. Solange sie nicht zu Hunderttausenden gleichzeitig kommen, gehen sie einfach in der Amsterdamer Masse auf – man erkennt sie nur an ihrer Kleidung und den kleinen Rucksäcken. Sie verwandeln die Stadt nicht in ein Inferno, das machen die Partytouristen, die Saufbrüder und Saufschwestern. Und wovon werden diese angezogen? Selbstverständlich von den generösen Strömen an Alkohol und von attraktiven Vertreterinnen und Vertretern des jeweils anderen Geschlechts. Was zieht sie dagegen nicht an? Langweiliger Kram natürlich, aber vor allem Gewalt. Es gibt keine Stadt auf der Welt mit hoher Kriminalitätsrate und gleichzeitig hohen Touristenzahlen. Und wenn schon mal Touristen kommen, so wie in Rio de Janeiro, wagen sie sich nur in ein paar Gegenden, sichere Viertel natürlich, Stadtteile, die absolut ungefährlich sind.

Worin bestand also die Lösung? Ganz einfach: Amsterdam musste wieder gefährlich werden. Aber wie? Wie wird eine Stadt gefährlich? Wie macht man Amsterdam gefährlich? Die Kriminalitätsrate sinkt seit Jahren, in der Innenstadt ist die Polizei rund um die Uhr präsent, dort ist es sicher. Man darf nur nicht mitten in der Nacht sturzbetrunken durch eine enge Gasse torkeln. Das kann dann schon mal danebengehen, nicht, weil Straßengangs dort ihr Unwesen trieben, sondern eher, weil Gelegenheit Diebe macht. Nachdem unser Familienvater es sich noch einmal gut durch den Kopf hatte gehen lassen, kam er zu dem Schluss, dass Amsterdam nicht besonders kriminell war und es zu seinen Lebzeiten wohl auch nicht mehr werden würde.

Jan fing also wieder von vorn an und suchte nach anderen Lösungen. Eigentlich gab es nur eine Möglichkeit, wie die Stadt wieder gefährlich werden konnte, und die bestand nicht darin, die Kriminalität zu fördern, sondern in einem Terroranschlag. New York, London, Paris und Madrid hatten bereits die

Kulisse für schlimme Massaker abgegeben, und sogar Belgien hatte sein Teil abbekommen. Nur die Niederlande waren bisher mehr oder weniger verschont geblieben. Wenn sich das eines unschönen Tages ändern sollte – oder auch eines schönen, das hing ganz vom jeweiligen Blickwinkel ab –, sah Jan die Popularität Amsterdams in den Keller rauschen. Dann würden es sich all die Lustreisenden noch einmal gut überlegen und lieber ein anderes Ziel ansteuern, um dann dort der lokalen Bevölkerung im Weg zu stehen. Eine verlockende Aussicht, sogar eine sehr verlockende. Allerdings … Wie ließe sich das bewerkstelligen? Ein Terroranschlag ist etwas anderes als ein Auftragsmord, den man, wie man hört, für einen vergleichsweise fairen Preis verüben lassen kann, auch wenn unser Familienvater keine Ahnung hatte, wie man so etwas in der Praxis regeln müsste. Er hatte noch nie mit jemandem zu tun gehabt, der auch nur entfernt Kontakt zu solchen Kreisen gepflegt hätte.

Trotz seiner Zweifel an der praktischen Durchführbarkeit hielt Jan an der Idee eines Anschlags fest. Sie schwirrte ihm fortwährend im Kopf herum, wie eine Mücke, die die ganze Nacht durchs Schlafzimmer fliegt, aber nirgends zu sehen ist, wenn man das Licht anmacht. Es gab so viele Möglichkeiten, um die Touristenfalle durcheinanderzubringen. Da gab es das Auto, das auf dem Platz vor dem Den Haager Hauptbahnhof in die Gruppe französischer Touristen gerast war. Etwas in dieser Art brauchen wir, dachte er, davon sollte es mehr geben, und selbstverständlich müsste dann eine Organisation die Verantwortung für die Anschläge übernehmen, sonst hätte das Ganze wenig Sinn.

Ausschlaggebend wäre die Drohung, dass es nicht bei *einem* Anschlag bliebe. Vielleicht einen Passanten abknallen, der sich überdeutlich als Tourist mit Brustbeutel oder Bauchtasche zu erkennen gibt? Aus einem Auto heraus, das fünfzig Meter entfernt im Schritttempo vorbeifährt, so dass es scheint, als habe es sich um das unschuldige Opfer einer verpatzten Abrechnung gehandelt, was man hier seit einigen Jahren einen *vergismoord*, einen «Mord aus Versehen», nennt. Eine Woche später dann könnte das Ziel die endlose Schlange vor einem der Läden sein, die vorgeben, etwas authentisch Amsterdamerisches zu verkaufen. Wieder ein Auto, das kurz anhält, dann einen Moment langsam über die Fahrbahn rollt, fast zum Stehen kommt, und aus dem heraus dann rasch hintereinander drei Schüsse abgefeuert werden, bevor es in normalem Tempo weiterfährt. So müsste es laufen. Zweifellos würde sich die Polizei die Haare raufen. Eine Abrechnung im kriminellen Milieu wäre angesichts der Opfer sehr unwahrscheinlich, doch zugleich würden alle Indizien dafür sprechen. So sah es Jan vor seinem geistigen Auge.

Selbstverständlich würden bei den Lobbyisten, den Verkäufern des Produkts «Amsterdam», die Nerven ordentlich blank liegen. Denn wenn die Gäste zögerten, sich bei den wichtigsten Sehenswürdigkeiten zu zeigen, wäre es mit der Popularität Amsterdams schnell vorbei. Warum sollte man eine Stadt besuchen, in der es zu gefährlich ist, sich deren Touristenattraktionen anzusehen? Das wäre dann das definitive Ende des Massenwahns: keine Hausboote mehr, die als illegale Pensionen missbraucht werden, keine immer neuen Hotels, keine Bierbikes, die hinter der Centraal Station ihre völlig sinnfreien Runden drehen. Schließlich, um ganz sicher zu sein, vielleicht zur Abrundung noch ein dritter Mord? Oder ein kleiner Bombenanschlag? Die Touristen würden dann ganz gewiss wegbleiben, glaubte Jan, und in der Stadt wäre es wieder still. Kein gedankenloser Hedonismus mehr, keine sturzbesoffenen Fußballfans auf den Wallen und keine Jugendlichen, die aus allen Himmelsrichtungen in die Hauptstadt strömen und geradewegs zu den Händlern mit bewusstseinserweiternden Substanzen eilen.

Zunächst wäre die Stille vielleicht zu intensiv, fast überwältigend, wie ein irritierender Pfeifton, den man ständig in den Ohren hat, eine Leere nach all den Jahren des Geschreis, des endlosen Stroms an Touristen und Einkaufsbummlern, des nervösen Gedränges und des unablässigen Stimmengewirrs in den viel zu engen Straßen. Möglicherweise würde die Bevölkerung zu Beginn ein wenig murren, doch nach ein paar Monaten wären alle ebenso süchtig nach der Ruhe wie er, daran zweifelte

Jan keinen Augenblick. Vielleicht könnte die Stille sogar neue Unternehmen anlocken. Denn was benötigt ein Unternehmer? Ruhe, Sauberkeit und Gleichmaß, also genau das, was ein bekannter Pädagoge auch für die Erziehung von Kindern gefordert hat. Und das Einzige, was es bräuchte, um all das zu bewerkstelligen, wären ein paar Gewehrschüsse und vielleicht eine kleine Bombe. Weiter nichts. Das wäre schon alles.

Nachdem er seinen Plan noch einmal gut durchdacht hatte und zum Schluss gekommen war, dass dies der Weg sei, lehnte Jan sich zufrieden zurück. Tagelang sah er sich voller Erstaunen, mit einer Art trägen Vergnügens um. Er hatte das Gefühl, dass er die Stadt zum ersten Mal richtig sah, in all ihrer einzigartigen Pracht. Doch plötzlich hatte Jan genug von dem Klein-Klein seines Plans: Es war doch alles Unsinn und würde nie zum Ziel führen.

Die Sache müsste größer aufgezogen werden. Jan dachte: Ein Verkehrsflugzeug, das auf Schiphol abhebt und dann gleich darauf in den Sturzflug Richtung Innenstadt geht. Oder eine Splitterbombe in allen Abfallbehältern auf dem Dam. Oder eine ordentliche Landmine unter den Gleisen gleich hinter der Centraal Station. Oder ein Überfall mit vollautomatischen Gewehren auf das Concertgebouw. Oder ein Giftgasanschlag in der Fußgängerzone. Oder ein Laster, der in das Schaufenster eines großen Kaufhauses rast. Oder, und der Gedanke ließ ihn schon bald nicht mehr los, vielleicht sollte er auf die Rundfahrtboote setzen, die Wannen, die sich durch die engen Grachten schoben und dort wendeten, allzu ausgelassen ihr Schiffshorn betätigten und unterdessen die Kaimauern schleiften, jeden Tag ein bisschen, und jeden Tag aufs Neue. Oder sollte er die Tretboote aufs Korn nehmen? Dieses alberne Kinderspielzeug, Schnullerersatz für die Jugend der Welt, die glaubt, dass man hier etwas erleben kann und stattdessen mit leerem Blick in übelriechendem Grachtenwasser herumdümpelt.

Die Würfel waren gefallen, Jan hatte seinen Entschluss gefasst: Der Kreuzzug sollte im Wasser beginnen. Aber wie? Vielleicht mitten in der Nacht eine Reihe von Minen im

Grachtensystem verteilen, damit am Morgen, wenn die Rundfahrtboote ausschwärmen, eines nach dem anderen in die Luft fliegt? Aber wie musste man sich das vorstellen? Würde das Boot dann insgesamt aus dem Wasser schießen oder nur der Bug durch die Explosion hochgedrückt? Würde daraufhin eine Stichflamme folgen und das Schiff in mehrere Teile auseinanderbrechen, die dann noch kurz auf dem Wasser treiben, um anschließend unterzugehen? Jan wusste es nicht. Es schien ihm nicht ratsam, viele Opfer einzuplanen: Die Leute sollten Angst bekommen, richtig viel Angst, aber nicht unbedingt sterben. Das schien ihm wirklich nicht nötig.

Nun hieß es für Jan, über das Wie der Operation nachzudenken, das heißt über die Frage, wie das Projekt konkret anzugehen war. Er machte sich auf die Suche und durchforstete das Internet. Vielleicht gab es ja Gleichgesinnte, Seelenverwandte, die auf der Suche nach der Lösung desselben Problems waren? Wer weiß, vielleicht waren da andere Einzelgänger, die, wie er selbst, auf sich allein gestellt machtlos waren, aber, einmal vereint, eine eiserne Front bilden würden. Das war die Kraft der neuen Medien, dass niemand unverwundbar oder völlig machtlos war. Jan fühlte sich mit einem Mal sehr viel besser. Endlich würde er etwas tun, eine Tat vollbringen, sich nicht auf dem Kopf herumtanzen lassen.

*

Im September fand der Anschlag statt, der mich das Leben kosten sollte, mich aber auch in die Lage versetzte, zu den entscheidenden Ereignissen in Jans Leben zurückzukehren. Plötzlich konnte ich seine Gedanken lesen, doch merkwürdigerweise habe ich nie in Erfahrung bringen können, was ganz am Ende geschah. Noch vor seiner Verhaftung hatte er sich von seiner Umwelt abgesondert, und so wie alle anderen war auch ich von seinen Plänen ausgeschlossen. Bis auf den heutigen Tag habe ich keinen Zugang zu seinen Gedanken aus dieser Zeit gefunden.

Weniger als drei Stunden, nachdem ich überaus zufrieden mit meinem funkelnagelneuen Jackett durch die bekannteste Einkaufsstraße der Niederlande spaziert war und dann im Bruchteil einer Sekunde mein Leben gelassen hatte, wurde Jan auch schon verhaftet – aber das habe ich bereits erzählt. Wenn ich mich nicht täusche, habe ich meinen Bericht sogar damit begonnen, und trotzdem kann ich es noch immer nicht fassen. Was mich am meisten erstaunte, tief berührte und sich meinem Verstand bis heute entzieht, war die Gewalt, die mit seiner Festnahme einherging. Obwohl Jan doch ebenso unschuldig war wie das sprichwörtliche Lamm. Denn er hatte absolut rein gar nichts mit dem Anschlag zu tun, ja, er wusste nicht einmal, wie er so etwas überhaupt auf die Beine stellen müsste. Um von seinem größten Handicap ganz zu schweigen, nämlich, dass mein Freund keiner Fliege etwas hätte zuleide tun können. Nun, vielleicht konnte er in seiner Phantasie einer Fliege etwas zuleide tun, aber um den Plan dann auch in die Tat umzusetzen – nein, dazu war Jan nicht fähig. Dazu war er ein viel zu höflicher, schüchterner und auch ängstlicher Mensch. Dennoch ging der Staat der Niederlande bei ihm in die Vollen, sozusagen mit gestrecktem Bein, wie man sagen könnte.

Am frühen Abend wurde sein Viertel abgeriegelt. Überall bezogen Soldaten mit schwarzen Sturmhauben Stellung. Ein Hubschrauber kreiste langsam über den Häusern und richtete seinen Scheinwerfer auf Jans Eingangstür, während ein zweiter Hubschrauber den Garten hinter dem Haus ausleuchtete. In Panik stürzte Maya aus dem Haus und wurde sofort von zwei Soldaten an den Armen gefasst und in ein Panzerfahrzeug gezerrt. Jans Tochter und sein Sohn standen starr vor Angst im Wohnzimmer und wurden von vier Polizisten zu Boden geworfen.

Jan war im Vondelpark spazieren gewesen und stand unter Schock. Er hatte von dem Anschlag erfahren, die Bilder gesehen und Augenzeugenberichte dazu gelesen, und allmählich drang es zu ihm durch, dass er monatelang genau das herbeigesehnt hatte, was jetzt passiert war. Natürlich hatte er nichts damit zu tun, fühlte sich aber trotzdem durch und durch schuldig, ein Gefühl, als habe er sich durch diese Tat eines anderen auch die eigenen Finger schmutzig gemacht. Jan wusste zu dem Zeitpunkt noch nicht einmal, dass ich zum falschen Zeitpunkt am falschen Ort, im Epizentrum des Feuersturms, gewesen war – wenn er es denn überhaupt jemals erfahren hat. Ich hatte weder Frau noch Kinder, die sich Sorgen machten, es gab niemanden, der mich panisch zu erreichen versucht oder Jan angerufen hätte, um seine Sorgen mit ihm zu teilen.

Mein Bruder erhielt erst spätabends die Nachricht über mein Dahinscheiden, und letztlich war er es denn auch, der alles geregelt hat, von meinem Begräbnis bis hin zum Ausräumen meines Hauses. Besonders beeilt hat er sich damit, träge, wie er nun mal ist, natürlich nicht. Erst nach fast vier Tagen, kurz vor der Beisetzung, erfuhr Jans Frau – oder, wie ich sie immer genannt habe: die Leidener Studentin – von meinem abrupten Ende. Aber darum geht es jetzt nicht, sondern es geht um unseren Familienvater. Und ebenso wie bei mir ein paar Stunden zuvor fiel auch ihm die Welt ziemlich unsanft auf den Kopf.

Mit einem flauen Gefühl im Magen kehrte Jan von seinem Spaziergang zurück und sah den Auflauf in seiner Straße: Polizeiautos, Blaulichter, Scharfschützen mit Zielfernrohren auf ihren Gewehren, Panzerfahrzeuge, rotweiße Absperrbänder, uniformierte Männer, die durcheinanderliefen. Dass dieses ganze Theater einzig und allein ihm galt, war ihm in keinem Moment bewusst, doch noch bevor es ihm klar wurde, hatte man ihn auch schon so fest in die Zange genommen, wie er es nicht für möglich gehalten hätte. Als Jan aufblickte, sah er Militärtaschenlampen und Scheinwerfer. Er hörte Kommandos, schweres Gefährt rollte über den Klinker, Soldaten rannten über den Bürgersteig, und er hörte den Lärm von Sirenen und das Rotorengeräusch eines Hubschraubers dicht über der Straße.

Nachdem auch seine Kinder abgeführt worden waren und sich herausgestellt hatte, dass sonst niemand mehr im Haus war, kontrollierte der Sprengstoff-Entschärfungsdienst, ob noch irgendwo versteckte Sprengladungen angebracht waren. Als auch das erledigt war und man die Räume endlich freigegeben hatte, kamen die Männer in Zivil. Sie suchten in aller Ruhe nach Hinweisen, die die Ermittlungen voranbringen konnten. Es schien allerdings wenig dabei herauszukommen – bis man in Jans Arbeitszimmer vordrang. Jede Schublade, die sie öffneten, förderte neues Belastungsmaterial zutage, und schon bald hatten sie so viele Beweise gegen Jan zusammengetragen, um damit den Prozess des Jahrhunderts führen zu können. So etwas hatten sie noch nicht erlebt. Bis spät am folgenden Morgen war das Team damit beschäftigt, den Dachboden zu durchkämmen. Jan hielt sich zu dem Zeitpunkt bereits in einem schwer bewachten Hochsicherheitsgefängnis auf und sah ohne jeden Zweifel einer endlosen Serie von Verhören entgegen.

*

Man ließ Maya erst drei Tage später frei. Nach einer ganzen Reihe von Befragungen war klar, dass sie nichts mit dem unsinnigen Treiben ihres Mannes zu tun hatte. Sie durfte nach Hause und ihr Taxi auch noch selbst bezahlen, und gerade in dem Moment, als sie erschöpft dort ankam und nur noch an ein ausgedehntes Duschen, ihr weiches Bett und einen ganzen Tag lang Schlafen denken konnte, stand Johan vor der Tür, um sie von meinem Tod in Kenntnis zu setzen. Ich war – natürlich, ohne dass er es wusste – ganz in seiner Nähe, ich schwebte über ihm.

Die Leidener Studentin hat mich nie gemocht. Das beruhte auf Gegenseitigkeit, und ich bin mir sicher, dass sie bei jeder anderen Gelegenheit freundlich genickt und meinen Bruder dann umgehend zu ihrem Mann geschickt hätte. Doch jetzt brach Maya völlig zusammen, während sie noch vor der Haustür stand. Sie heulte wie eine junge Seelöwin, mit langanhaltenden Schluchzern, die am Ende in einem hohen Ton ausliefen. Zum ersten Mal in all den Jahren empfand ich Sympathie für sie. Das war für mich etwas ganz und gar Neues, und natürlich fragte ich mich, wie das möglich war. Weil ich sah, wie sehr sie die Ereignisse rund um Jan mitnahmen? Weil ich einen Moment lang dachte, dass ihr doch etwas an mir lag? Weil ich tot war und sie deshalb plötzlich besser verstand? Vielleicht, wer weiß. Ich habe sie immer für einen menschlichen Eisblock gehalten, aber das war womöglich ein etwas zu hartes Urteil.

Meinen Bruder hatte ich ebenfalls immer für einen Eisblock und vor allem für einen unbeholfenen Eisblock gehalten. Doch gerade jetzt verhielt er sich äußerst empathisch. Er legte seine Arme um Maya und bot ihr seine Schulter an, um sich daran auszuweinen. So etwas hatte ich ihn noch nie tun sehen. Einst war eine entfernte Cousine wegen irgendeiner Lappalie in Tränen ausgebrochen, und das einzig Tröstende, das ihm dazu einfiel, war, ihr sein benutztes Papiertaschentuch zu reichen. Das zeugte von einer erschütternden Tollpatschigkeit, zumal sie auch noch in ihn verliebt war. Das hatte ich durch Zufall herausgefunden, und auch wenn es natürlich nicht anzuraten ist, einer innerfamiliären Verliebtheit nachzugeben, hätte er sich doch zumindest etwas feinfühliger verhalten können – fand ich, obwohl ich damals erst sechzehn war und noch viel lernen musste. Doch hier, mit Maya, überraschte er mich. Er sprach leise, streichelte ihre Wangen und massierte sanft ihre Schultern. Ich war beeindruckt von der Kunstfertigkeit, mit der er zu Werke ging und sogar auf eine Affäre hinzuarbeiten schien. So sah es für mich zumindest aus. Doch gleichzeitig ärgerte es mich, dass er unter meinem Tod offenbar nicht sonderlich gebeugt ging, denn sonst hätte auch er geweint.

Schon bald hatte ich genug von den beiden, und als sie ihn dann auch noch bat, mit ihr hereinzukommen, hatte ich sogar mehr als genug und schwebte wieder von dannen – die Fortsetzung im Wohnzimmer musste ich mir nicht auch noch antun. Mir hatte es gereicht, es war Zeit zu gehen – allerdings wusste ich nicht, wohin. Denn bei genauer Betrachtung hatte ich kein einziges Ziel in diesem Leben nach dem Leben, zumindest fiel mir keines ein. Ohne den Druck der Arbeit, ohne Freunde, die natürlich auch hin und wieder Zeit kosten, ohne die tägliche Mühsal der Haushaltsführung, ohne irgendwelche Verpflichtungen und vor allem ohne mein Klavier wurde ich mir schmerzhaft der Bedeutungslosigkeit meiner Existenz bewusst. Und ehrlich gesagt war das eine ziemlich beunruhigende Erkenntnis.

*

Weil ich ohnehin so gut wie nichts zu tun hatte, begann ich mehr oder weniger gleich nach Johans Besuch bei Maya mit meinen Nachforschungen. Ich wollte wissen, was mit Jan passiert war, weshalb man meinen alten Freund verhaftet hatte. Was mit mir passiert war, hatte ich inzwischen begriffen. In den ersten Tagen nach der Bombenexplosion konnte die Presse aus dem Vollen schöpfen. Die Zeitungen standen voll mit Spekulationen über die Frage, wer der Kopf hinter dem Anschlag war, wie man die Tat vorbereitet hatte, wer die Täter und, vor allem, wer die Jungs mit den Sprengstoffwesten gewesen waren. Ein nicht enden wollender Strom an Reportagen setzte sich in Gang: über die Arbeitsweise der Polizei und des Geheimdienstes, die möglichen Folgen für den sozialen Frieden und natürlich die Reaktionen der wichtigsten Politiker aus dem In- und Ausland. Und dann habe ich noch gar nicht all die anderen Punkte erwähnt, die nicht einmal mir in den Sinn gekommen wären, aber in den Augen der Journalisten offenbar von eminenter Bedeutung waren.

CNN, Al Jazeera, BBC World und andere internationale Nachrichtensender zeigten tagelang in Dauerschleife Aufnahmen von einem friedvollen Amsterdam – einen Kirchturm mit der niederländischen Nationalflagge, heiteres Treiben auf dem Blumenmarkt, einen alten Mann, der mit seinem Hund Gassi geht –, Aufnahmen, die sie wohl noch in ihren Archiven hatten. Anschließend folgten dann Bilder des Chaos kurz nach dem Anschlag, und zum Schluss zeigte man Impressionen aus einer Stadt, die den Anblick eines Heerlagers bot: Panzerfahrzeuge, Straßenblockaden, Barrikaden und an jeder Straßenecke

Soldaten. Die Militärs waren nahezu die einzigen Menschen in dieser totenstillen, beinahe apokalyptischen Kulisse. In fast allen Durchgangsstraßen hatten sie Checkpoints eingerichtet, an denen sich jeder, der das Haus verließ, melden musste. Noch am Nachmittag des Anschlags wurde eine Ausgangssperre verhängt.

Da auch der Luftraum über Amsterdam sofort geschlossen wurde, war der Himmel so gut wie leer. Normalerweise flogen an einem Sommerabend Dutzende von Flugzeugen über die Stadt: meist kleinere Modelle mit Zielen in Europa. Bei Herbststürmen verlief die wichtigste Einflugschneise sogar direkt über dem Zentrum Amsterdams. Dann glitten selbst die allergrößten Maschinen, viermotorige Monstren, die Walfische des Luftverkehrs, über die Dächer der Häuser und flogen so niedrig, dass man die Stellung der Landeklappen erkennen konnte. Jetzt aber sah ich nur Armeehubschrauber: plumpe, schmutziggraue Maschinen mit riesigen Rotorblättern. Sie brachten Mannschaftseinheiten und Nachschub zu einem improvisierten Flugplatz kurz hinter der Stadtgrenze. Sobald sie zur Landung ansetzten, tanzten das Herbstlaub, achtlos weggeworfenes Schokoladenpapier und der Sand der vielen wegen Ausbesserungsarbeiten aufgerissenen Straßen wild durch die Gegend.

Dieses grimmige Dekor stand in scharfem Kontrast zu dem herrlichen Wetter. Die Sonne schien von morgens früh bis abends spät. Normalerweise hätte sich an solchen Tagen buchstäblich jeder Amsterdamer ins Freie begeben und wären die Terrassen der Cafés und Restaurants bis auf den letzten Platz besetzt gewesen. Doch jetzt saß dort niemand, auch nicht in den Parks. Die Stadt war vollkommen ausgestorben. Gleich nach dem Anschlag hatte man den öffentlichen Nahverkehr eingestellt, auch Tage nach dem Ereignis fuhren noch immer keine Busse und Bahnen. An einer Haltestelle sah ich einen Mann, der ahnungslos auf eine Straßenbahn wartete, die niemals kommen würde. Offenbar besaß er keinen Fernseher und las auch nicht die Zeitung, anders konnte ich es mir nicht erklären. Die Touristen waren ebenfalls völlig aus dem Stadtbild verschwunden. Hatte man sie interniert, und saßen sie jetzt in irgendeinem Hotel fest? Oder waren sie gleich in einen Flieger nach Hause gesetzt worden? In der Stadt war es noch stiller als zu Zeiten des Lockdowns vor einigen Jahren. Jan hätte es zweifellos zu würdigen gewusst, aber ob es in seinen Augen den Preis wert gewesen wäre? Ich weiß sicher, dass er die Frage mit Nein beantwortet hätte.

Drei Tage nach dem Inferno in der P. C. Hooftstraat wurde ein Bekennerschreiben veröffentlicht. Von der Bruderschaft des Propheten. Niemand hatte je etwas von einer solchen Bruderschaft gehört, und keiner glaubte daher, dass das Schreiben echt sei. Denn inzwischen gab es einen sehr viel plausibleren Kandidaten: Immer wieder waren nämlich Hinweise aufgetaucht, dass eine als Wohltätigkeitsorganisation getarnte islamistische Terrorgruppe aus Nordafrika hinter dem Anschlag stecken könnte. Sie veröffentlichte nie ein Bekennerschreiben, ließ aber äußerst professionell durchblicken, dass sie für das Blutbad verantwortlich war.

Der Anschlag wurde weder begründet, noch gab es eine Erklärung, weshalb ausgerechnet Amsterdam aufs Korn genommen wurde, aber weil die Organisation mehrmals unter viel Geschrei behauptet hatte, den gottlosen Westen aus tiefstem Herzen zu verabscheuen, hielt es nahezu jeder für ausgemacht, dass die Täter sich zu erkennen gegeben hätten. Hinzu kam, dass gleich in der ersten Woche nach der Tat Details an die Öffentlichkeit gelangt waren, die davon zeugten, dass diese Terrororganisation mit der Methode und der Durchführung des Anschlags bestens vertraut war – Wissen, das Experten zufolge eigentlich nur die Täter selbst haben konnten. Außerdem hatte es schon länger Gerüchte gegeben, wonach in den zurückliegenden Jahren überall in Europa – und auch in den Niederlanden – Schläferzellen eingeschleust worden waren, die nur darauf warteten loszuschlagen.

Vor diesem Hintergrund fand es niemand seltsam, dass die Medien schon bald zu dem Ergebnis kamen, dass hier keine einsamen Wölfe auf eigene Faust Tod und Verderben gesät hatten. Im Gegenteil, dies hier sei ein straff organisierter Angriff gewesen. Das wiederum fanden die niederländischen Politiker äußerst beunruhigend: Plötzlich waren wir ins Visier einer internationalen Terrororganisation geraten, wo man doch all die Jahre geglaubt hatte, dass die Niederlande offenbar etwas richtig machten, da hier, anders als im Ausland, eigentlich relativ wenig passierte. Aber das hatte sich jetzt mit einem Schlag geändert.

Der Anschlag war ungewöhnlich schwer gewesen: zwei Sprengstoffgürtel, ein Abfallbehälter randvoll mit Dynamit sowie eine riesige Menge Sprengstoff in einem Lieferwagen. Diese letzte Ladung war nur teilweise, nicht einmal zu einem Viertel, explodiert. Das hatte den Schaden, so zynisch es auch klingen mag, noch halbwegs in Grenzen gehalten. Denn ansonsten wäre ein ganzer Häuserblock in die Luft geflogen. Es gab zwanzig Todesopfer zu beklagen sowie Dutzende, womöglich sogar mehr als hundert Leicht- und Schwerverletzte. Positive Reaktionen auf den Anschlag ließen sich an den Fingern einer Hand abzählen. Lediglich ein paar obskure Nachrichtensender aus einigen orthodox-muslimischen Ländern des Nahen Ostens feierten den Terrorakt als einen Sieg. Amsterdam wurde als «Sündenpfuhl», als ein «Babylon aus Alkohol, Drogen und Huren», eine Beleidigung des Allmächtigen und ein «ewiger Stachel im Fleisch des wahren Gläubigen» geächtet: Die Gotteskrieger hätten sich die Stadt zu Recht als Ziel für ihren Anschlag ausgewählt. Was mich dabei vor allem wunderte, war die Tatsache, dass diese frommen Leute so gut über die vielen Verlockungen Bescheid wussten, die mein Wohnort zu bieten hatte.

In den Niederlanden wurde der Anschlag einhellig verurteilt. Das war ein Fortschritt im Vergleich zum 9. September 2001, als Terroristen vier Passagierflugzeuge gekapert hatten, um damit Washington und das World Trade Center in New York anzugreifen. Einige Landsleute von mir hatten seinerzeit laut und vernehmlich die Überzeugung geäußert, dass die

Vereinigten Staaten nun ihren verdienten Lohn bekommen hätten. «Das geschieht ihnen recht», meinten sie – und mit «ihnen» waren natürlich die Amerikaner gemeint.

Doch jetzt war die gesamte Bevölkerung bestürzt und stand unter Schock. Von allen Seiten gab es Kommentare, in denen die Tat entschieden verurteilt wurde, ob von Politikern, Professoren, zufälligen Passanten bei Befragungen auf der Straße – wirklich jeder befand sich im Lager der Rechtschaffenen. Das war natürlich eine sehr gute Nachricht, bei der sich mir jedoch die ziemlich beklemmende Frage stellte: Wenn alle es so schrecklich finden, warum hat dann niemand im Umfeld der jungen Männer mit den Sprengstoffgürteln etwas bemerkt, und weshalb hat niemand eingegriffen? Das hätte nach meinem Empfinden doch nahegelegen? Denn wenn auch nur ein Vater oder eine Mutter, ein Bruder, eine Schwester, ein Onkel, eine Tante, ein Bekannter oder Freund besser aufgepasst und rechtzeitig die Polizei benachrichtigt hätte, wäre ich jetzt noch am Leben. Vorausgesetzt natürlich, dass es das Werk von einheimischen Terroristen und nicht das von Import-Desperados war.

Aber lassen Sie uns nicht bei meinem Schicksal verweilen. Es ist passiert und lässt sich nun mal nicht mehr ungeschehen machen. Denn ich kann zwar in der Zeit zurückreisen, aber die Rückreise ins Reich der Lebenden ist mir nicht möglich und für immer ausgeschlossen. Allerdings kann ich versuchen, mich noch ein wenig nützlich zu machen, indem ich herausfinde, was Jan widerfahren ist und warum es ihm widerfahren ist. Was hat er getan, dass er ins Visier der Behörden geriet? Wo ist er jetzt überhaupt? Und was machen sie dort mit ihm? Diese Fragen beschäftigen mich fast rund um die Uhr, aber letztendlich konnte ich nur hier und da ein paar dürftige Informationen zusammentragen. Ich habe keinen Zugang zu seinem Hier und Jetzt. Denn wie schon gesagt, Jan hat sich seit dem Sommer gegen jedermann abgeschottet und niemanden mehr an seinen Gedanken teilhaben lassen, selbst mich nicht. Und das hat die Nachforschungen bestimmt nicht einfacher gemacht, um es einmal freundlich auszudrücken.

*

Zwar habe ich nicht viel herausfinden können, aber mir wurde schon bald deutlich, dass Jan seinen Ein-Mann-Feldzug gegen die Touristenmisere und die Probleme, die sie verursachte, ernst nahm – um nicht zu sagen: außerordentlich ernst nahm. Es fing an mit der Lektüre von Kommentaren in extrem religiösen Internetforen. Wie er dort hineingelangen konnte, ist mir ein Rätsel, aber offenbar war es ihm gelungen. In seiner etwas weltfremden Art lieferte er auch selbst Beiträge. Und was er schrieb, ließ kaum noch Fragen offen:

> *Die Stadt wird von Besuchern überschwemmt, die nur an Alkohol, Sex und Drogen interessiert sind. Ein Pfuhl der Sünde und des Verderbens! Die Krieger des Allerhöchsten dürfen Amsterdam nicht übersehen.*

Als ob man Amsterdam übersehen könnte, dachte ich, während ich dem diensthabenden Beamten des Geheimdienstes über die Schulter sah:

> *Wegen der Bekanntheit meiner Stadt hätte ein Anschlag eine hohe Publizitätswirkung. Die ganze Welt kennt Amsterdam.*

Das war alles irregeleitetes Eigeninteresse! Jan hatte die Nase derart gestrichen voll von all den Touristen vor seiner Haustür, dass ihm inzwischen jedes Mittel recht war, um sie loszuwerden. Ich persönlich sehe das anders: Nicht jedes Mittel ist recht, manches geht einfach zu weit. Das finde ich – fand es schon zu Lebzeiten –, und das finden viele andere auch. Es ist nicht so, um gleich einmal ein Missverständnis auszuräumen, dass der Tod mich sentimentaler, versöhnlicher und toleranter gestimmt oder mich gar in einen Menschenfreund oder einen Heiligen verwandelt hätte. Das Gegenteil ist der Fall, möchte ich fast sagen, ich bin eher wütender geworden.

Unser Familienvater führte eine Art Tagebuch, das er als «Journal» bezeichnete und in dem er Tag für Tag festhielt, was er an Aktivitäten unternommen hatte, um seine Stadt von «der Plage», wie er sie inzwischen nannte, zu erlösen. Aus seinen Aufzeichnungen spricht, um es mal zusammenzufassen, eine fast pathologische Hyperaktivität. Doch zwischendurch verfiel er immer wieder in eine Phase tiefempfundener Ohnmacht:

> *Niemand scheint es zu sehen, niemanden interessiert es, bis es zu spät ist und alles zu einem Spielplatz degradiert worden ist. Inzwischen kann die Stadt ebenso gut in «Kirmes an der Amstel» umgetauft werden. Wir haben Ouderkerk an der Amstel, Nes an der Amstel und jetzt also auch Kirmes an der Amstel. Es ist zum Verrücktwerden. Heute Morgen fand ich wieder einen Haufen Kotze vor der Haustür. Er stammte von den Schreihälsen, die mitten in der Nacht durch meine Straße gezogen waren. Touristen, sie unterhielten sich in irgendeiner skandinavischen Sprache. Na ja, unterhielten … schrien, grölten oder johlten wäre ein besseres Wort dafür. Es hörte nicht auf. Bis sie vor meinem Haus waren. Das Ergebnis sah ich dann heute Morgen in der Früh, als ich zur Arbeit ging. Ich befürchte, dass das nie mehr aufhört. Was auch immer geschieht, es wird nicht mehr besser werden. Sie werden weiterhin kommen. Nur, wenn wir Amsterdam abreißen, alle alten Häuser dem Erdboden gleichmachen, die Grachten zuschütten und überall Betonklötze hinstellen, werden sie wegbleiben. Vielleicht bleiben sie dann weg. Aber nur dann.*

Die Schlapphüte vom Geheimdienst lasen das Journal mit größtem Vergnügen, fast geifernd. Regelmäßig brachen die Damen und Herren dabei in lautes Lachen aus. So einfach hatte man es ihnen noch nie gemacht. Sehr viel mehr als eine Anklage zu formulieren brauchte es hier nicht: Die Beweisführung hatte Jan schließlich bereits, adrett aufgelistet, selbst geliefert. Lange zweifelten sie sogar an der Echtheit des mehr als tausend Seiten umfassenden Dokuments mit Berichten über Jans Stimmungen, Schwarzweißfotos des alten Amsterdam, Kindheitserinnerungen, Episoden aus seiner Familiengeschichte, einer Zusammenstellung aller Ärgernisse und einer Tirade gegen den Bürgermeister und seine Beigeordneten, die die Stadt einfach nur verkommen ließen. Verstreut über das gesamte Journal fanden sie kopierte Beiträge aus den Foren, auf denen Jan aktiv gewesen war, enorme Mengen E-Mails, die vor allem an Zeitungen gerichtet waren, denen er leidenschaftlich geschriebene, meinungsstarke Kommentare angeboten hatte – jedes Mal mit der Mitteilung versehen, dass in ihnen das wichtigste Problem unserer Zeit behandelt würde. Keiner dieser Artikel ist jemals abgedruckt worden. Mal um Mal bekam er eine höfliche, doch klare Ablehnung, die er dann in sein Dokument einfügte.

So manches Mal konnten die Geheimdienstler nur fassungslos den Kopf schütteln. Und regelmäßig erschrak auch ich angesichts der Verbissenheit und des Fanatismus, die aus Jans Journal sprachen. In solchen Momenten fragte ich mich, warum ich all dies nicht bemerkt hatte. Dann hätte ich eingreifen können. Aber wahrscheinlich ist die Frage zugleich auch schon die Antwort: Maya und die Kinder waren näher an ihm dran als ich und haben ebenso wenig wie ich mitbekommen, dass Jan geradewegs auf den Abgrund zusteuerte.

Die wunderlichsten Passagen des Journals waren die verschiedentlich wiederkehrenden Beschreibungen und Konstruktionspläne eines Mini-Tauchboots, mit dem Jan die Rundfahrtboote angreifen wollte:

> *Ein kleiner Torpedo reicht aus, um die Touristen abzuschrecken und sie dazu zu bringen, sich nach einem anderen Ziel umzusehen. Klein, nicht viel größer als zum Beispiel eine schöne Cohiba Pirámides Extra.*

Nicht, dass unser Familienvater Zigarren geraucht hätte – offenbar war er auf einem anderen Weg zu diesem Vergleich gelangt.

Doch zweifellos hatte er das Gefühl gehabt, die Mini-Torpedos schon bis zur Produktionsreife geführt zu haben, allerdings ergab sich aus seinen Aufzeichnungen darüber nur wenig Konkretes. Das überraschte die Mitarbeiter des Geheimdienstes. Denn in dem trüben Grachtenwasser wäre die Steuerung seiner Cohiba Pirámides Extra alles andere als einfach gewesen, nicht einmal, wenn er sie mit einem Kabel verbunden hätte. Und tatsächlich hatte Jan sich lange den Kopf darüber zerbrochen, wie die Funksteuerung unter Wasser funktionieren könnte:

> *Vielleicht eine kleine, mit einer Antenne versehene Boje in den Grachten treiben lassen? Die Antenne muss das Signal der Funksteuerung auffangen. Über ein Kabel von, sagen wir mal: hundert Metern gehen die Befehle dann an das Tauchboot.*

Auf technischem Gebiet war Jan wenig begabt, um es höflich auszudrücken. Das wusste ich, und schließlich wurde es auch den Männern und Frauen des Geheimdienstes klar, dass unser Familienvater zwei linke Hände besaß und nicht einmal annähernd dazu imstande war zu erklären, wie selbst die einfachsten Apparaturen funktionierten. In seinem Journal skizzierte er auf fast schon rührende Weise ein Problem nach dem anderen – Probleme, die er allesamt nie würde lösen können. Wie aber hätte er dann ganz auf sich allein gestellt ein Tauchboot bauen können? Zumindest glaubte er, das Boot lenken zu können, ohne dass die Dreckbrühe in den Grachten seinen Plan zunichtemachte. Doch davon ganz abgesehen, bestünde natürlich immer noch das Risiko, dass sich das Kabel in einem der vielen Fahrräder verheddern könnte, die am Boden der Kanäle liegen. So etwas scheint ihm jedoch gar nicht erst in den Sinn gekommen zu sein, jedenfalls wird es von ihm nirgends erwähnt.

Ich glaube ja, dass Jan sein Tauchboot auch einfach still im Wasser hätte liegen lassen können, bis ein Rundfahrtboot in Reichweite gekommen wäre – ungefähr so, wie es Krokodile mit ihrer Beute zu tun scheinen. Und warum sollte man das Gefährt überhaupt selbst steuern, wenn man es auch so programmieren konnte, dass es automatisch in Aktion trat, sobald ein Ziel nahe genug war? Man könnte sogar das ganze Tauchboot mit Sprengstoff vollstopfen und es einfach im richtigen Augenblick zur Explosion bringen. Das müsste technisch möglich sein. Für Jan allerdings wäre das ein ebenso komplexes und unmögliches Unterfangen gewesen wie jede andere Methode auch.

Bei Lichte betrachtet, zeugten alle technischen Details im Journal jedenfalls von grenzenloser Naivität. Eigentlich ergab das Ganze überhaupt keinen Sinn und belegte höchstens Jans völligen Mangel an Durchblick. Zugleich verstand ich jedoch nur allzu gut, was Jan antrieb, denn ich kannte ihn schließlich lange genug. Und als die Spürhunde des Geheimdienstes die eher betrachtenden Passagen in seinem Tagebuch lasen, wurde ihnen das zweifellos auch klar:

> *Was tun? Als ich so alt war wie meine Kinder heute, nahm mich mein Vater mit zum Beginenhof, der kleinen, abgeschlossenen Lebensgemeinschaft von Frauen am Spui. Es war ein ganz gewöhnlicher Sonntagnachmittag im September. Kurz zuvor hatte es geregnet. Die Messe in der Johannes-und-Ursula-Kapelle war inzwischen vorbei, die Schar der Gläubigen hatte sich schon wieder verflüchtigt. Mein Vater und ich standen am großen Bleichplatz, hier und da glänzten noch ein paar Regentropfen im Gras.*
>
> *Die meisten der dort lebenden Frauen hatten die Fenster weit geöffnet. Aus den Häusern drangen die vertrauten Küchengeräusche an unser Ohr: das Klappern und Scheppern von Töpfen, Tellern und Besteck, von Holzbrettchen, die auf die Spüle gelegt, und von Kühlschränken, die auf- und zugemacht wurden. Ansonsten war es totenstill. Wir waren mitten im Zentrum, doch aus der Stadt war kein einziges Geräusch zu hören: kein Auto, kein Bus und keine Straßenbahn. Wir befanden uns an einem mystischen, ja spirituellen Ort, an dem man die Schatten der Jahrhunderte fast berühren konnte. Aber das ist nun vorbei …*

Inzwischen laufen dort ständig Touristen, Besucher und Tagesausflügler herum: Sie fotografieren, glotzen, lesen sich gegenseitig aus ihren Reiseführern vor, unterhalten sich. An jedem Tag und zu jeder Stunde des Tages. Sogar in der Kapelle schwatzen sie miteinander, auch wenn mitten im Gewühl eine Gruppe Gläubiger zu beten versucht, jeden Nachmittag aufs Neue und obwohl sie genau wissen, dass ihr Tun vergebens ist. So ist es derzeit um die Stadt bestellt … Also … wohin mit meinen Kindern? Wo kann ich meiner Tochter und meinem Sohn das Wunder ihrer Heimatstadt zeigen? Wohin sollen sie sich demnächst mit ihrer Liebe wenden, der Liebe, die ich für sie empfinde, die ich für Amsterdam empfinde? Und für Maya. Natürlich für Maya.
Meine Kinder sind heimatlos. Ich habe zu spät erkannt, dass ihre Stadt, ihre Heimat, für immer verlorengegangen ist, und nichts getan, um es zu verhindern. Ich habe nicht aufgepasst, ich habe versagt.

Bei Sätzen wie diesen, aus denen nur allzu deutlich die Verzweiflung sprach, blieb den Lesern des Geheimdienstes das Lachen im Halse stecken. Das war der Jan, den ich kannte, der Mann, der nicht mehr wusste, wie er sich gegen die Annektierung seiner Welt wehren sollte.

*

Ich habe noch immer nicht von meiner Beisetzung erzählt, fällt mir gerade ein. Höchste Zeit, um dieses Thema, so wenig erheiternd es auch sein mag, anzuschneiden. Zuerst dachte ich: Was soll ich da? Ich habe keine Beziehung mehr zu meinem Körper, er ist hin und weg, von nun an muss ich ohne ihn klarkommen. Später dann dachte ich etwas differenzierter darüber. Es ging schließlich nicht um mein Fleisch und Blut, sondern während der Feier sollte Abschied von *mir* genommen werden. Denn wie sollten die Lebenden auch wissen können, dass man ohne Körper weiterexistieren kann? Als ich noch einer von ihnen war, glaubte auch ich, dass mit dem Körper alles andere ebenfalls verschwindet. Tot ist tot, das Einzige, was bleibt, ist das Große Nichts. Wie gesagt, das hatte ich gedacht. Und jetzt zeigt sich, dass das Große Nichts die Große Langeweile ist.

Mein Bruder hat sich um alles gekümmert. Wer auch sonst? Unsere Eltern sind schon vor Jahren gestorben, und außer Johan hatte ich niemanden. Er war der Einzige, und es ist deshalb umso trauriger, dass wir uns nie gut verstanden haben. Aber das scheint in der Familie zu liegen, denn mit meinen sieben Cousins und Cousinen hatte ich auch nie viel Kontakt. Und mehr Verwandte gibt es nicht. Von den sechs Onkeln und Tanten lebt nur noch eine Schwester meines Vaters, und die ist schon seit vielen Jahren dement.

*

Um ehrlich zu sein, war mein Begräbnis nicht sonderlich gut besucht. Natürlich, Johan war da, zusammen mit seiner Frau. Außerdem ein Freund, eine Freundin und die Freundin, die in mich verliebt gewesen war, sowie meine schöne Nachbarin. Zu meiner Überraschung war auch Maurice erschienen, der Sprachpurist, der seinerzeit Einwände gegen Jans Seglerjargon erhoben hatte. Und schließlich war da auch noch ein Mann mittleren Alters, den ich noch nie gesehen hatte. Keine Ahnung, was er dort wollte. Seine Kleidung fiel ziemlich aus dem Rahmen: Alle anderen waren sommerlich gekleidet, doch er trug trotz des herrlichen Wetters eine Art Regenmantel und einen Hut. Die ganze Zeit über hielt er sich abseits und schien jeden der Trauergäste genauestens zu beobachten.

Und wer war alles nicht da? Zunächst einmal fehlte natürlich Jan. Maya war ebenfalls nicht gekommen, doch das lag nahe, wenn man bedachte, was sie in den zurückliegenden Tagen hatte durchmachen müssen. Dafür hatte ich Verständnis. Aber wo waren meine Musikerkollegen? Und warum hatte sich kein einziger meiner Schüler dazu durchringen können, meiner

Bestattung beizuwohnen? Schließlich: Warum waren keine Mütter erschienen, nicht einmal diejenigen unter ihnen, die mich gut gekannt beziehungsweise sogar sehr gut gekannt hatten? Man hätte doch wohl erwarten dürfen, dass sie Abschied von dem Körper nehmen wollten, von dem zwar nicht viel übrig geblieben war, der ihnen aber in der Vergangenheit sehr viel Vergnügen bereitet hatte. Dafür war Leo natürlich gut genug gewesen, aber sich zu seiner Beisetzung zu bequemen, dazu hatte es dann doch nicht mehr gereicht. Oder hatte Johan nicht genügend Trauerkarten verschickt? Denn wie hätten sie es sonst erfahren sollen? Na ja, vielleicht, weil ich nicht zur Klavierstunde aufgetaucht war, und selbstverständlich hatte auch niemand den Hörer abgenommen, sollte man versucht haben, mich telefonisch zu erreichen. Ich bin mir so gut wie sicher, dass mein Tod nicht in der Zeitung stand. Und wer denkt denn auch daran, dass ausgerechnet der Klavierlehrer zu den Opfern des Anschlags gehört?

Der einzige Trost war das herrliche Wetter: Die Welt strahlte förmlich, alles war in helles Sonnenlicht getaucht. Auch der Himmel war einzigartig, vollkommen wolkenlos und so blau, als hätte sich jemand die Mühe gemacht, selbst noch die winzigste Spur Weiß wegzuretuschieren. Es war überwältigend, anders kann ich es nicht beschreiben. Ich schwebte fast auf der Wärme, während die Feierstunde träge ihren Standardverlauf nahm. Gleich würden die Gäste die traditionelle Tasse Kaffee mit einem Stück Kuchen bekommen – ohne Kaffee und Kuchen geht es hierzulande bei einem Begräbnis oder einer Einäscherung nun mal nicht.

Und all die Zeit über sah ich Dutzende, wenn nicht Hunderte von Marienkäfern herumkrabbeln: Überall saßen die kleinen roten Tierchen mit den schwarzen Punkten. Noch nie hatte ich sie in solchen Mengen gesehen, es war, als wollte die Natur höchstpersönlich Abschied von mir nehmen, und die rotschwarzen Krabbeltiere sollten die Botschaft überbringen. Wären es andere Insekten gewesen, hätte man von einer Plage gesprochen. Aber das hier war etwas anderes. Die Tierchen erinnerten mich an die Tapete in meinem Kinderzimmer: eine ganze Wand voller Marienkäfer mit drolligen Gesichtern, manche fast menschlich, andere dagegen karikaturhaft verfremdet.

*

Wahrscheinlich hat Johan es nicht einfach gehabt. Ich hatte nichts geregelt, nichts festgelegt, nicht einmal ein Testament gemacht. Ich habe mich auch nie jemandem gegenüber dazu geäußert, ob ich nun lieber begraben oder kremiert werden wollte. Zu Lebzeiten hatte ich keiner der beiden Optionen viel Enthusiasmus entgegenbringen können. Ob ich nun unter anderthalb Meter Mutterboden zu liegen käme oder in einem mehr als tausend Grad Celsius heißen Höllenfeuer verheizt würde – ich fand beides gleichermaßen angsteinflößend. Um das Schicksal nicht herauszufordern, weigerte ich mich, auch nur darüber nachdenken.

Wenn ich ganz ehrlich bin, muss ich gestehen, dass mich, als ich noch lebte, das Verstreichen der Zeit ziemlich nervös machte. Ich hatte Angst vor dem Älterwerden, den Falten, den kleinen wie den großen Zipperlein, dem allmählichen Hässlichwerden und überhaupt vor allem, was das Leben so mit sich bringt und was nicht wieder weggeht. Der Punkt ist nämlich: Von einem bestimmten Moment an wird es nicht mehr besser, von einem bestimmten Moment an wird es nur noch schlechter.

Die Erde dreht sich weiter um die eigene Achse, Tag für Tag, von Hell zu Dunkel und dann wieder zu Hell, Jahr um Jahr, es geht rund um die Sonne und mitten durch die Jahreszeiten, durch knisternde Frühlingsmorgen, sommerliche Hitzewellen, Novemberstürme und plötzliche Schneeschauer. Und offenbar ändert sich nichts. Ja, die Jahreszahlen ändern sich, aber das sind schließlich nur Zahlen. Jedes Jahr aufs Neue füllen sich die Baumkronen mit frischem Grün, sprießen die Frühlingsblumen aus dem Boden, schwebt wochenlang der Pergamentschnee der Ulmen durch die Straßen Amsterdams. Die Temperaturen steigen, es wird wärmer und wärmer, und alles scheint zu bleiben, wie es immer war. Aber das ist nicht so, es ist nur eine optische Täuschung, eine Fata Morgana. Mit jedem neuen Jahr bewegt man sich ein Stück weiter auf das eigene Grab zu. Zeit ist eine Abstraktion, die alles durchdringt und einen schließlich umbringt. Zeit ist ein herzloses Monster mit einem lieblichen Antlitz: Alles scheint wieder gut zu werden, doch letztlich wird nichts wieder gut, im Gegenteil, irgendwann geht es schief – und zwar richtig schief.

All das, wovon ich glaubte, dass es mich als Person einmal ausgemacht hatte, und was von meiner irdischen Hülle übrig geblieben war, lag im Sarg, der vorn in der Trauerhalle stand. So wie am Ende eines jeden Menschen ein Sarg steht. Alles Leben ist schon an seinem Beginn verdammt, jedes Neugeborene eigentlich schon tot, es dauert nur noch eine Weile, knapp hundert Jahre, manchmal erheblich weniger, doch selbst das macht keinen großen Unterschied. Denn was ist schon ein Jahrhundert, bezogen auf die Ewigkeit von Milliarden und Abermilliarden Jahren? Bezogen auf die Zeitrechnung des Universums ist alles vollkommen ohne Bedeutung, und sogar auf Erden bedeutet es nur wenig. Flüsse waschen ihr Bett aus, das Meer frisst sich ins Land hinein, Berge werden abgetragen, bis nur ein paar kleine, unbedeutende Hügel übrig bleiben. Diese Prozesse vollziehen sich mit einer solchen Langsamkeit, dass sie einen kompletten evolutionären Zyklus umfassen können: von den allerersten zaghaften Schritten einer neuen Spezies bis hin zu ihrem Aussterben. All die Tiere und Menschen, die geboren werden, in rasendem Tempo aufwachsen, die Welt und ihre Farben sehen, allmählich alt werden: Sie sind nichts weiter als die Gefäße, durch die die DNA fließt und in denen sie sich fortpflanzt – eine vorübergehende Bleibe, benutzt, verschlissen und dann weggeworfen.

*

Aus Mangel an genaueren Angaben meinerseits hat Johan alles selbst entscheiden müssen. Er optierte fürs Begraben, und zwar auf dem größten Friedhof Amsterdams, De Nieuwe

Ooster, zum Glück noch innerhalb des Stadtrings. Ich habe immer nahe am Zentrum gewohnt, und es wäre schon seltsam gewesen, wenn ich plötzlich an den Stadtrand hätte umziehen müssen. Damit konnte ich also durchaus zufrieden sein, keine Frage, doch seine Musikauswahl war rundweg bizarr. Zugegeben, ich habe ihm nie irgendwelche Hinweise bezüglich meiner Vorlieben gegeben und kann ihm somit auch wenig vorwerfen, aber was er dort zu Gehör bringen ließ, war wirklich schlimm. Ich werde die Musiktitel hier nicht im Einzelnen wiedergeben, denn damit würde ich ihn nur beschämen – und mich selbst dabei ebenfalls der Lächerlichkeit preisgeben. Es muss niemand wissen, und zumindest mit Blick auf die furchtbare Musik war es ein Segen, dass bis auf Johan und seine Frau nur ein paar Freunde zugegen waren – so ernüchternd das bescheidene Aufkommen an Trauergästen ansonsten auch war.

Insgeheim hatte ich natürlich auf einen nicht enden wollenden Trauerzug gehofft. Ich hatte erwartet, dass die Verwandten in großer Zahl erscheinen und mit viel Gefühl fürs Dekorum an meinem Sarg vorbeidefilieren würden: die demente Tante, sämtliche Cousins und Cousinen, Großcousins und Großcousinen, wer auch immer. Und danach die Kollegen, die Schüler, die Mütter, meine ehemaligen Geliebten. Ja, warum waren eigentlich meine Geliebten nicht gekommen? Zu beschäftigt mit Shoppen, Besuchen im Nagelstudio oder Lunch-Verabredungen mit den Freundinnen, um sich ein paar Stunden freizumachen und meiner Beerdigung beizuwohnen?

Alles in allem bleibt von einem Menschenleben nicht viel übrig. Wahrscheinlich wirft Johan demnächst den größten Teil meiner Möbel auf den Müll. Schließlich hat er sich in der Vergangenheit schon oft spöttisch über meinen alten, leicht verschlissenen Sessel, den Esstisch unserer Eltern und den antiken Wäscheschrank ausgelassen. Nur mein Flügel ist einiges wert, und ich nehme an, dass er den so schnell wie möglich zu Geld machen wird. Vielleicht behält er ein paar meiner Bücher, amtliche Papiere, Zeugnisse, Fotos und dergleichen. Aber der Rest, fürchte ich, wird, wie gesagt, auf dem Müll landen.

Kinder habe ich keine, und auch Johan hat keine Nachkommen, ich bin also nicht einmal Onkel. Mit meinem Bruder und mir hört es auf. Das Einzige, was bleibt, sind die Erinnerungen, gewöhnliche, alltägliche Erinnerungen: die Musik, die Frauen, das Lächeln eines Freundes, der Geruch frisch gemähten Grases, das Schwimmen an einem Sommerabend. Das habe ich gern gemacht, nie im Schwimmbad, sondern immer in einem der kleinen Seen außerhalb der Stadt: das sanfte Kräuseln der Wellen im Wind, die Sonne, die schon untergegangen ist und ein leicht gräuliches Licht hinterlässt, die Bäume am Ufer, das Rauschen der Blätter, Stimmen, die von weither kommen, wie Echos aus einem früheren Leben, ein Hund, der laut bellend hin und her rennt und nervös winselt, bis er es endlich wagt, ins Wasser zu springen. Nichts Besonderes und doch einmalig.

DIE FÜNFTE JAHRESZEIT

Doch damit soll es nun auch genug sein. Ich habe ausführlich von dem erzählt, was mir widerfahren ist, seit ich mit dem herabgesetzten Jackett unter dem Arm durch die P. C. Hooftstraat spazierte und es mich im Bruchteil einer Sekunde aus den Socken gehauen beziehungsweise gesprengt hat: vierzig lange Tage der Verwunderung, der Langeweile und des Stillstands. Heute Morgen jedoch schien sich daran etwas zu ändern, denn mit einem Mal hatte ich das Gefühl, Maya aufsuchen zu müssen. Das ist seltsam, denn zu Lebzeiten hatte ich dieses Bedürfnis nie – Jan und ich verabredeten uns stets irgendwo in der Stadt. Ich habe die Leidener Studentin nie recht gemocht, fand sie berechnend, ein klein wenig unterkühlt, eine leicht bürgerliche Person, die nur allzu gut weiß, was sie will.

Als Maya Jan seinerzeit auf dem Athener Flugplatz zum ersten Mal gesehen hatte, war sie gleich hin und weg gewesen. Vor allem seine tiefblauen Augen hatten es ihr angetan, es war Liebe auf den ersten Blick – das hatte Jan mir mal voller Stolz anvertraut. Mir fiel allerdings gelegentlich auch eine etwas prosaischere Erklärung ein. Dann fragte ich mich, ob sie ihn wirklich geliebt hatte oder ob es für sie nur einfach praktisch gewesen war, bei ihm einzuziehen und dann für immer zu bleiben.

Das habe ich in den zurückliegenden Jahrzehnten regelmäßig gedacht. Doch die letzten Wochen ließen mich daran zweifeln: Maya hatte sehr emotional reagiert, als Johan ihr die Nachricht von meinem Tod überbrachte. Das ist zwar noch kein Grund, meine Meinung nun um hundertachtzig Grad zu drehen, aber vielleicht sollte ich sie ja ein wenig nach links oder rechts verschieben. Und selbst das finde ich überraschend nach so vielen Jahren. Doch was soll ich sagen? Seitdem ich mit meinem körperlosen Körper durch die Straßen Amsterdams schwebe, anstatt mich mit dem Fahrrad oder dem Auto fortzubewegen, überrasche ich mich manchmal selbst. Das liegt zugegebenermaßen natürlich nahe: Ich bin die meiste Zeit über allein, es gibt niemanden sonst, den ich überraschen könnte. Mit den anderen hier habe ich noch immer wenig oder eigentlich gar keinen Kontakt, und ebenso wenig ist mir in den vergangenen Wochen klar geworden, was ich tun muss – und warum. Aber heute Morgen war da plötzlich das Gefühl, dass ich Maya besuchen müsste, und dem Gefühl habe ich nachgegeben.

Jetzt kreise ich über der schmalen Straße, in der sie und Jan wohnen, am südlichen Rand des Zentrums. Es ist friedlich hier, die Lage hat sich beruhigt: keine Panzerfahrzeuge mehr, keine Hubschrauber oder Polizeiautos mit Blaulichtern und Sirenen. Nichts erinnert mehr an das Durcheinander und den Lärm, alles ist wie eh und je. Autos stehen keine da, der größte Teil der Straße wird von Fahrradständern, üppigem Strauchwerk in den Vorgärten und kleinen Bäumen eingenommen, die höchstens bis zur Traufe reichen.

Ein kaum spürbarer Luftzug lässt die gelb, braun und rot gefärbten Blätter an den Bäumen sanft rauschen. Dem Kalender nach hat der Herbst schon vor über einem Monat eingesetzt, doch die Temperaturen sind immer noch angenehm mild, hin und wieder wird es sogar noch einmal richtig warm. Es ist die fünfte Jahreszeit, eine scheinbar nicht enden wollende Zugabe des Sommers. Seit dem Anschlag vor nunmehr fast sechs Wochen hat hier herrlichstes Wetter geherrscht, und das an einem Stück. Ich kann mich nicht erinnern, dass es in Amsterdam jemals so lange so trocken und so sonnig war. Und all die Zeit über habe ich die Wärme genossen – was mich ebenfalls überrascht hat, denn ich hätte nie gedacht, dass ich ohne Körper Temperaturen fühlen könnte. Es ist wundersam ohne Ende, tot zu sein – anders kann ich es nicht beschreiben: Ich stürze noch immer von einer Verblüffung in die nächste.

In der Ferne nähert sich ein Polizeiauto ohne Sirene und ohne Blaulicht. Es kommt äußerst behutsam, um nicht zu sagen: ausgesprochen träge angefahren, ja, es kriecht förmlich über den Klinker. Die noch tief stehende Sonne spiegelt sich in der Windschutzscheibe, und während der Wagen langsam näher kommt, beginnt mir zu dämmern, dass dies auch der Grund ist, weshalb ich vom Weteringviertel wie von einem Magneten angezogen worden bin. Und in dem Moment, in dem das Gefährt in die Straße einbiegt, wird mir klar, dass etwas im Gange ist und ich hier bin, um dem beizuwohnen.

In den letzten Wochen hatte ich regelmäßig Gedankenfetzen von Maya aufgefangen. Das war seltsam, denn mir lag nichts an ihr, und ihr lag nichts an mir. Doch offenbar kann man sich auch im Nachhinein – post factum beziehungsweise gewissermaßen post mortem – mit jemandem anfreunden. So ist mir deutlich geworden, dass Maya kaum Informationen über Jan hat. Sie weiß nur, wo er sich aufhält, doch ansonsten hat sie keine Ahnung, wie es ihm geht und was ihn bewegt.

Ihr Ehemann wird Tag für Tag verhört, stundenlang, so lange, bis er bereit ist zu reden – das ist es zumindest, was Maya vermutet. Aber sicher weiß sie es nicht – sie darf ihn weder sehen noch sprechen. Sie weiß nicht einmal, ob Jan überhaupt einen Anwalt hat oder vielleicht gar keinen will. Genau genommen weiß Maya gar nichts. Und sie geht daran sichtlich zugrunde. Seit der Festnahme Jans scheint sie um Jahre gealtert zu sein. Ihre Jugend, ihre blühende Erscheinung, durch die sie immer sehr viel jünger wirkte als Jan, und zwar bedeutend jünger, als sie es tatsächlich war – all das ist dahin. Ihr Haar weist bereits erste graue Strähnen auf, der Blick ist stumpf geworden, sie hat Falten im Gesicht bekommen und geht sogar schon ein wenig gebeugt. Sie ist todunglücklich. Niemals hätte ich vermutet, dass sie so viel Kummer empfinden könnte, dass ihr so viel an ihrem Gatten liegt.

Jan wird der Planung terroristischer Handlungen bezichtigt, das ist eigentlich das Einzige, was Maya weiß. Und sie begreift, dass der niederländische Staat einen potentiellen Terroristen einsperrt, sie kann beide Seiten sehen, weiß aber auch, dass Jan nichts zu gestehen hat. In den letzten Monaten hatte er sich stark zurückgezogen und viel Zeit in seinem Arbeitszimmer verbracht, aber das machte ihn schließlich noch nicht zu einem Terroristen. Jan, der Vorzeigebeamte, ein Terrorist? Allein schon der Gedanke war für Maya völlig abwegig. Lächerlich, das ist alles, was sie dazu zu sagen hatte. Die Polizei war mit einem ganzen Lieferwagen voller Material aus ihrem Haus abgefahren. Man hatte ihn vollgeladen mit Kartons, auch seinen Computer hatten sie mitgenommen und sein Bücherregal von oben bis unten durchwühlt. Aber ein Terrorist? Unmöglich, völlig verrückt. Dazu wäre er niemals fähig, davon ist Maya noch immer überzeugt, als das Polizeifahrzeug langsam durch ihre Straße fährt und vor ihrer Tür zum Stehen kommt.

Der Fahrer und sein Beifahrer bleiben sitzen, sie scheinen keine Eile zu haben. Dann kriecht der Wagen langsam auf den schmalen Bürgersteig hinauf, so dass der nachfolgende Verkehr vorbeikommt. Es ist eine schöne Geste, auch wenn weit und breit kein Auto zu sehen, dafür aber jetzt der Bürgersteig blockiert ist. Doch das ist Amsterdam: Es gibt hier einfach zu viele Menschen, jeder steht jedem im Weg, auch ohne die Horden von Touristen, die alles verstopfen.

Die Polizisten steigen aus, langsam, als müssten sie erst über jede Bewegung nachdenken. Sie stehen neben dem Wagen, unterhalten sich noch kurz miteinander, schauen durch die Seitenfenster, ob sie auch nichts vergessen haben, und setzen dann unendlich langsam ihre Mützen auf, vollkommen synchron, wie Kunstschwimmer auf dem Trocknen. Anschließend gehen sie mit seltsam trägen Schritten auf das Haus zu. Gerade in dem Moment schaut Maya von ihrem Computer auf, sieht die beiden Männer und kann ihre Augen nicht von ihnen abwenden. Sie hört die Klingel, steht auf und öffnet die Tür. Die Polizeibeamten nicken und nehmen, wieder gleichzeitig, ihre Mützen ab.

«Guten Tag, Frau Janssen, dürfen wir hereinkommen?»

Maya ahnt schon, was sie ihr sagen werden. Irgendetwas in der Motorik der Männer, dass sie ihre Kopfbedeckung abnehmen und der matte Blick – das alles weist in eine bestimmte Richtung. Die Beamten machen sich nicht in ihrem Haus breit, wie es ihre Kollegen gleich nach dem Anschlag getan hatten, sie drängen sich nicht auf, sondern tun im Gegenteil, was sie können, um so wenig wie möglich in Erscheinung zu treten. Das deutet darauf hin, dass sie ihr etwas mitzuteilen haben, an das Maya besser nicht denken möchte. Sie spürt, dass ihr gesamter Körper dagegen revoltiert, ihr Bauch, die Beine, die Arme und ihr Kopf, sie weiß aber auch, dass es ihr wenig nützen wird.

«Frau Janssen, wir haben schlechte Nachrichten für Sie», sagt einer der beiden, während sich der andere scheinbar uninteressiert umsieht und seine Blicke über die geschmackvollen modernen Möbel, den antiken Geschirrschrank, die Kaffeetasse auf dem Couchtisch und die Blumen auf der Fensterbank wandern lässt. Alles strahlt eine Art lässigen Luxus aus, es macht keinen wirklich vornehmen Eindruck, aber man erkennt sofort den guten Geschmack, mit dem dieses gemütliche Wohnzimmer eingerichtet worden ist.

«Sehr schlechte Nachrichten», fügt derjenige hinzu, der sich soeben noch schamlos umgesehen hatte.

Maya nickt fast unmerklich und mit einem flehentlichen Ausdruck in den Augen, dass es nicht wahr sein möge und sie sich in der Adresse geirrt haben müssten. Aber natürlich ist das nicht der Fall. Sie haben vorher alles mindestens dreimal überprüft, gerade um einen solchen Patzer zu vermeiden.

«Ihr Mann ist heute Morgen verstorben. Wir wollten es Ihnen persönlich mitteilen, nicht über das Telefon … Es tut uns leid.»

Maya sieht die Polizeibeamten an. Sie würde sich ihnen am liebsten an die Brust werfen, um alles zu vergessen und auf der Stelle zu sterben, doch die Uniform der beiden hält sie davon ab. Sie schafft eine Distanz, die sich nicht überwinden lässt. Maya traut sich nicht, sie kann es nicht, und sie will es auch nicht.

«Es tut uns leid», sagt auch der zweite Polizist.

Maya schaut sie wieder an, sieht auf ihre Uniformen und will nur noch, dass sie sofort gehen. Sie möchte jetzt allein sein, kann aber die Worte nicht finden, um sie zum Gehen zu bewegen. Ihr Blick wandert zum Kamin hinüber und zu den beiden Kerzenständern, die auf der verzierten Holzumkleidung stehen, findet jedoch nichts, das ihr Halt gibt.

«Es ist uns wirklich ein …», beginnt einer der Beamten und stockt. Er sieht seinen Kollegen hilfesuchend an, doch der wendet sich ab, er weiß auch nicht weiter. Beide wenden den Blick verlegen ab, und das löst die Spannung bei Maya. Erregt richtet sie sich auf.

«Nein, das ist unmöglich! Das glaube ich nicht! Sie lügen!»

«Doch, es ist wahr, Frau Janssen …»

«Wie denn? Was ist passiert? Er war kerngesund, als Sie ihn festgenommen haben.»

«Frau Janssen, es tut uns furchtbar leid, Ihnen das mitteilen zu müssen … Ihr Mann hat sich das Leben genommen.»

«Nein, nein … Das würde Jan nie tun», sagt Maya, die ihre Kampfeslust wiedergewonnen hat. «Das würde Jan nie tun.»

«Das glauben die meisten … Aber es ist eine Tatsache. Ihr Gatte befand sich in Einzelhaft. Gestern am späten Nachmittag ist er noch vernommen worden, und heute Nacht oder am Morgen hat er sich erhängt. Als ihn die Wärter vom Frühdienst fanden, war es schon zu spät … Es tut uns leid.»

Maya spürt erneut, dass ihr die Kontrolle entgleitet. Sie richtet den Blick nochmals auf den Kamin, ohne etwas zu sehen, das ihr dabei helfen könnte, Ordnung in das Chaos zu bringen, das jetzt in ihrem Kopf herrscht. Es ist, als hätte sich ihr Gehirn nun endgültig in einen großen amorphen Klumpen verwandelt, der nie wieder zu einem konkreten Gedanken imstande sein wird. Und sie gibt auf, sieht die Polizeibeamten nur mit leerem Blick an.

*

Im Verlauf des Gesprächs, das keine fünf Minuten gedauert hat, habe ich mehr Sympathie für Maya entwickelt, als ich sie in all den Jahren zuvor hatte. Es ist und bleibt merkwürdig, was sich alles ändert, wenn man stirbt. Ich verstehe sie nun besser als je zuvor. Sie hat recht: Was die Polizisten ihr gerade erzählt haben, ist Unsinn. Jan und Selbstmord? Das kann nicht stimmen. Das passt nicht zu ihm. Natürlich macht es etwas mit einem Menschen, wenn man ihn wochenlang in Isolation hält, insbesondere, wenn er dabei dann auch noch ständig verhört wird. Ich bin der Letzte, der das bestreiten würde. Doch Jan war die Ruhe selbst, bei Problemen immer auf der Suche nach einer Lösung oder einem Kompromiss, immer am Ball, keiner, der schnell aufgibt. Außerdem wusste er, dass er unschuldig war. Denn wie hätte er auch Schuld an etwas haben können, an dem er nicht den geringsten Anteil hatte?

Mehr noch, auch die Behörden wissen, dass er unschuldig ist. Das habe ich selbst gehört. Ich war bei den Diskussionen zugegen und Zeuge, wie die Meinung allmählich kippte. Kurz nach der Hausdurchsuchung waren die Damen und Herren vom Geheimdienst noch fest davon überzeugt, dass sie den Täter gefasst hatten. Ein paar Wochen später kamen sie dann jedoch zu dem Schluss, dass Jan zwar ein so gut wie komplettes Handbuch für einen Anschlag zusammengestellt, aber keine strafbare Handlung begangen hatte. Auch nach den sehr sorgfältigen und gründlichen Ermittlungen blieb es dabei, dass es keine Verbindung zwischen ihm und dem Anschlag in der P. C. Hooftstraat gab. Es ließ sich höchstens von Gleichzeitigkeit sprechen, doch die ist nicht strafbar. Und eine Verbindung zu der Terrororganisation konnten sie erst recht nicht finden. Das wäre auch reine Fiktion gewesen – unser Familienvater hatte nur ein wenig danach gefischt, und das auch noch ziemlich dilettantisch. Mehr als das gab es nicht.

Warum hat sich Jan dann erhängt? Haben seine Wärter ihn dazu getrieben, oder haben sie ihn einfach selbst aufgeknüpft? Wie Maya sage auch ich: Es ist eine Lüge, es gab keinen Suizid, da war etwas anderes im Spiel. Aber was? Sollte er, aus welchen Gründen auch immer, aus dem Weg geräumt werden? War er der Sündenbock, das Opferlamm, das für den eigentlichen Kopf hinter dem Anschlag herhalten sollte? Wussten die Fahndungsbehörden, dass sie die Täter ohnehin nie zu fassen bekommen würden, und haben daraufhin Jan die Sache in die Schuhe geschoben, so dass die Ermittlungsarbeit nicht als eine Aneinanderreihung von Patzern, sondern als ein grandioser Erfolg erscheinen konnte?

Oder war Jan in den Sommermonaten vielleicht auf etwas gestoßen, von dem ihm erst später, irgendwann in den zurückliegenden Wochen, klar wurde, dass er über eine brisante Information verfügte? Wusste er etwas, das die Arbeit der Behörden in ein völlig anderes Licht rückte? War deren blitzschnelle Reaktion nach dem Anschlag vielleicht gar kein Zufall gewesen? Stimmte es doch, dass nicht nur einer, sondern mehrere Anschläge geplant waren und der in der P. C. Hooftstraat einfach übersehen wurde? Oder hatte man diesen Terrorakt vielleicht zwar erwartet, aber bewusst nicht verhindert? Waren die Vernehmungsbeamten darüber im Bilde gewesen, dass Jan davon wusste? Hatte man ihn deshalb über die Klippen springen lassen? Passierten solche Dinge nicht nur in Lateinamerika, sondern auch schon in den Niederlanden? Aber wer weiß das schon zu sagen? Ich jedenfalls nicht.

Es gibt vieles, was ich nicht weiß. Ich habe mein Leben der Musik geweiht. Das war alles, was mich interessierte, selbst die Frauen rangierten erst danach. Sie kamen und gingen, ohne dass ich es darauf angelegt hätte, es passierte einfach. Nur die Musik blieb. Jan sagte einmal, halb im Scherz, dass ich mit meinem Klavier verheiratet sei. Bei den Freundinnen handele es sich nur um Affären, kleine Ehebrüche. Im Laufe der Zeit werde den Damen bewusst, dass sich sein alter Freund Leo niemals vom Instrument scheiden lassen würde und sie sich keine Hoffnung machen sollten, jemals mehr als ein Flirt zu sein. Danach sei es mit der Liebe dann rasch vorbei – bis sich die folgende Madam melde. Und das gehe immer so weiter.

Und es ging immer so weiter – bis ich mich zum falschen Zeitpunkt in der P. C. Hooftstraat aufhielt. Da war es dann vorbei, und jetzt, da ich zurückblicken kann, denke ich, und das eigentlich zum ersten Mal in all den Jahren, dass Jan es womöglich besser gemacht hat. Maya weint, als wäre ihr Leben ohne ihn vorbei. Wenn ich das mit meinem Begräbnis vergleiche, dieser Pflichtnummer mit ein paar Gestalten, die um meinen Sarg herumstanden … Natürlich setzte jeder sein eigenes kleines Leben fort, nachdem der Kaffee getrunken und der Kuchen verspeist war – als wäre nie etwas geschehen.

*

Maya liegt auf der Couch, ein trauriges Häuflein Mensch. Gleich kommen die Kinder nach Hause, und dann muss sie ihnen erklären, was geschehen ist. Sie möchte jemanden anrufen und ihn um Hilfe bitten, doch ihr fällt nicht ein einziger Name ein. Ihr Gedächtnis ist wie ausgelöscht, sie weiß überhaupt nichts mehr, nur, dass Jan tot ist.

Schließlich schenkte sie den Polizisten Glauben, und die Männer traten behutsam den Rückzug an. Sie wollten so schnell wie möglich weg von hier, und Maya ließ sie gehen, stellte keine Fragen, sie hatte keine Fragen mehr. Jetzt ist sie allein und weint lautlos vor sich hin. Die Tränen rinnen ihr über die Wangen und tropfen auf die Sitzfläche der Couch, wo sie eine kreisrunde Lache auf dem Leder bilden. Eine Ära ist zu Ende: Was vor Jahrzehnten im Flugzeug von Athen nach Schiphol begann, ist nun für immer Vergangenheit. Wenn Maya in die Zukunft blickt, sieht sie nichts, nur hinter ihr hat die Welt noch Farbe. Und es gibt niemanden, der das ändern könnte, auch ich nicht. Am liebsten würde ich sie in den Arm nehmen, aber ich habe ja keinen Körper mehr und bin dazu verdammt, tatenlos und hilflos zusehen zu müssen. Es ist ein seltsamer und unangenehmer Zustand, in dem ich mich befinde, und ebenso wie nach dem Anschlag habe ich das überwältigende Gefühl, überflüssig zu sein. Ich muss so schnell wie möglich weg von hier.

Draußen drehe ich mich noch einmal zu dem Haus um, in dem Jan all die Jahre gewohnt hat. Auch jetzt kommt es mir wieder einmal zustatten, dass eine Wand oder eine geschlossene Tür für meinen körperlosen Körper kein Hindernis darstellt.

In den zurückliegenden Wochen hat mich das immer fröhlich gestimmt, doch heute nicht. Dafür ist es einfach zu traurig. Alles ist mühselig und schwer. Doch zugleich habe ich das Gefühl, dass nun etwas in Bewegung gerät. Nachdem ich vierzig Tage herumgeirrt bin, gewartet, herumgehangen, wie ein ungläubiger Thomas gezweifelt und mich dabei im Kreis gedreht habe, scheint es, als würde mein Dasein allmählich eine Richtung bekommen. Erstmals, seitdem ich hier bin, habe ich das Gefühl, dass sich der Nebel lichtet.

Unwillkürlich blicke ich nach oben. Vor einem tiefblauen Himmel ziehen dünne, langgezogene Wolken träge vorbei, ohne Eile, so als habe die Zeit keine Bedeutung mehr und als würde nie mehr etwas geschehen. So scheint es zumindest, doch dann schlingen sich einige der weißen Schleier ineinander und formen sich zu einer altertümlichen Art Brille: einer Stahlmontur mit zwei kreisrunden Gläsern, früher auch spöttisch «Kassengestell» genannt. Und wie aus den Tiefen meiner Erinnerung, wie an dem Tag, als ich zum ersten Mal zu meiner neuen Schule ging, sehe ich zwei azurblaue Augen, die mich eindringlich anschauen.

Endlos lange anschauen. Die Welt um mich herum scheint abermals stillzustehen, erneut wie für alle Ewigkeit erstarrt, bis eine plötzlich aufkommende Brise das Laub an den Bäumen zum Rascheln bringt. Ich spüre einen Kältehauch, als würde der Herbst jetzt doch seinen Einzug halten. Und auch am Himmel entsteht nun Bewegung. In der Ferne fliegt ein großer Vogelschwarm an einer Pappelreihe vorbei. Aufgeregt kreisen die Vögel umeinander und bilden eine riesige schwarze Gardine, die sich im Wind bewegt. Im selben Moment beginnen die weißen Kreise, die soeben noch zwei Brillengläser bildeten, auszufransen und sich allmählich an dem unwirklich strahlenden Himmel aufzulösen.